Psicoterapia Analítica Funcional

Una guía clínica para usar la interacción terapéutica como mecanismo de cambio

Michel A. Reyes Ortega

Jonathan W. Kanter

Con la colaboración de

Milagros Ascencio Guirado

Editorial Brujas

Título: *Psicoterapia analítica funcional:*
una guía clínica para usar la interacción terapéutica
como mecanismo de cambio
Autores: Michel A. Reyes Ortega – Jonathan W. Kanter

Reyes Ortega, Michel A.
   Psicoterapia analítica funcional : una guía clínica para usar la interacción terapéutica como mecanismo de cambio / Michel A. Reyes Ortega
; Jonathan W. Kanter. - 1a ed . - Córdoba : Brujas, 2017.
   210 p. ; 23 x 15 cm. - (Latinoamerica contextual)

   1. Psicoterapia. 2. Psicología. I. Kanter, Jonathan W. II. Título
CDD 150.195

www.editorialbrujas.com.ar publicaciones@editorialbrujas.com.ar
Tel/fax: (0351) 4606044 / 4691616– Pasaje España 1486 Córdoba–Argentina.

Información sobre los autores

Michel A. Reyes Ortega

Psicólogo Clínico, Doctorado con Mención Honorífica en Investigación Psicológica por la Universidad Iberoamericana de la Ciudad de México, y Entrenador/Supervisor Certificado en Psicoterapia Analítica Funcional por la FAP Speciality Clinic del Psychological Services and Training Center de la University of Washinton. Director Académico del Instituto de Ciencia y Terapia Conductual Contextual de la Ciudad de México donde ejerce como académico, supervisor clínico, terapeuta y coordinador del equipo de Terapia Dialéctica Comportamental DBT México. Profesor del Programa de Psicología Clínica del Departamento de Psiquiatría y Salud Mental de la Facultad de Medicina de la Universidad Nacional Autónoma de México (FacMed UNAM) y Profesor Invitado en diversos programas de Especialización en Psicología Clínica en México, EUA, España y Brasil. Investigador Afiliado del Center for the Science of Social Connection de la Universidad de Washington (UWCSSC). Presidente actual de la Association for Contextual Behavioral Science Mexico Chapter (ACBS). Colaborador como asesor experto en proyectos sanitarios del sector público y privado, y miembro de diversos consejos sobre Salud Mental en su natal México. El trabajo del Dr. Reyes se caracteriza por su enfoque conductual contextual en puente con disciplinas como la ciencia evolutiva y la sociología, así como por su acento en la filosofía de la ciencia.

Jonathan W. Kanter

Doctorado en Psicología Clínica por la University of Washington. Director del Center for the Science of Social Connection de la Universidad de Washington (UWCSSC). Associate Professor y miembro del FAP Term Professorship del Departamento de Psicología de la University of Washington. Desde sus inicios como faculty member en la University of Wisconsin-Milwaukee, ha colaborado como activista e investigador en temas relacionados con el racismo y discriminación, y el estigma hacia la enfermedad mental. Sus principales líneas de trabajo se han relacioando a la adaptación cultural de Tratamientos para la Depresión en Inmigrantes Latinoamericanos con bajos ingresos económicos en EUA, y miembros de la comunidad Musulmana en el Reino Unido e Indonesia. Co-autor de numerosos artículos científicos y 3 libros sobre Psicoterapia Analítica Funcional, es reconocido como una de las principales autoridades a nivel mundial sobre Terapia de Activación Conductual y Psicoterapia Analítica Funcional, y es invitado a impartir talleres y conferencias alrededor del mundo sobre racismo, mejoría de las relaciones psicoterapéuticas en consultantes con problemas relacionales, y tratamientos conductuales sobre la depresión. El trabajo del Dr. Kanter se caracteriza por su enfoque científico conductual contextual en integración con disciplinas como la ciencia evolutiva, neurociencia, antropología y psicología de base conductual.

Para Joanna,

y mis estudiantes.

MARO.

Para todos mis fantásticos amigos y colegas en México,
quienes me han inspirado a continuar con esta labor de amor.

JWK.

Índice

Carta de presentación de la Colección

Estimado Lector:

Te damos la bienvenida a nuestra colección de libros "Latinoamérica Contextual", una colección dedicada a la difusión de las denominadas "Terapias Comportamentales Contextuales", también conocidas como "Terapias de Conducta de Tercera Generación". Nuestra colección forma parte de un ambicioso proyecto de trabajo conjunto guiado por nuestro compromiso con la difusión de estos modelos en Latinoamérica.

Luego de diversas reuniones mantenidas en congresos especializados en estas terapias pudimos coincidir en preocupaciones relacionadas a los factores que afectan su crecimiento a nivel regional y la necesidad de instituir una red que permitiese mejorar la calidad en la formación, difusión e investigación sobre ellas, y que considere las particularidades lingüísticas y culturales de nuestra región. Estos factores confluyeron en la fundación de la red editorial "Latinoamérica Contextual". LATINOAMÉRICA CONTEXTUAL es una red que intenta constituirse como un movimiento de difusión y diseminación de las ciencias comportamentales contextuales a nivel regional, atendiendo a las particularidades socioculturales de cada país, y de la región de Latinoamérica.

Entre los que factores que operan como obstáculos fundamentales para el crecimiento a nivel regional de estos modelos de terapia de conducta se destaca la falta de bibliografía especializada y de calidad en los idiomas propios de nuestra región, lo cual también afecta el entrenamiento de nuestros profesionales por carecer de literatura idónea. A partir de esta demanda, se planteó la necesidad de contar con este material, escrito por representantes internacionales de los modelos junto a representantes locales de forma tal que se pudiera atender al mismo tiempo a la integridad de los modelos clínicos a que se refieren y a las características únicas de la región.

Como parte de nuestro compromiso, nos enorgullece darte la bienvenida a este ejemplar que forma parte de esta colección. Como miembros fundadores de esta red, intentamos que cada uno de estos ejemplares sea un verdadero manual de consulta, que incluya ejemplos prácticos y que brinde al lector una fuente de recursos teóricos y prácticos en su formación. Sin duda estos libros no intentan reemplazar el entrenamiento experiencial y de habilidades (el cual consideramos un requisito ineludible en estos modelos) sino que nuestro objetivo es que los mismos sean un complemento de importancia que pueda guiar el aprendizaje de estos novedosos modelos. Con este objetivo, revisamos cada uno de estos libros con consultores externos (quienes realizan sugerencias y correcciones sobre el contenido de los mismos) intentando que el producto final sea un material consistente, científicamente sólido y de gran calidad y utilidad clínica.

Este volumen es parte de una serie continua que incluirá además otros lanzamientos sobre Terapia de Aceptación y Compromiso, Terapia Dialéctico Comportamental, Contextualismo Funcional y Teoría de los Marcos Relacionales, Terapia Integrativa Conductual de Pareja, Activación Comportamental y otros lanzamientos que intentarán responder a la creciente demanda de literatura local. Todos los ejemplares cumplirán con los siguientes criterios de calidad:

- Serán escritos por un autor representativo del modelo a nivel internacional y por un autor representativo en Latinoamérica.

- El autor latinoamericano cuenta con antecedentes comprobables en el modelo, y con una activa producción científica y académica.

- Cada ejemplar parte de una revisión bibliográfica exhaustiva de forma tal que su contenido sea acorde y consistente con conocimiento de la comunidad científica al momento de ser escrito.

- Cada ejemplar incluirá no sólo aspectos teóricos, sino también guías prácticas y sugerencias para hacer frente a los obstáculos que aparecerán inevitablemente en la práctica clínica.

- El contenido de cada volumen no será redundante con otros volúmenes de la misma colección.

- Serán escritos de forma amigable y a la vez rigurosa

Por medio de la presente, nos enorgullece presentarte este ejemplar, esperando que el mismo sea de suma utilidad en tu práctica clínica y en el aprendizaje de estos modelos. Esperamos de verdad que el mismo contribuya a desarrollar una Ciencia Conductual Contextual (CBS por sus siglas en Inglés) sensible a las características culturales de Latinoamérica y promover su desarrollo de una forma profesional y adecuada a las necesidades humanas y de nuestro planeta.

Dr. Fabián O. Olaz

Dr. Michel A. Reyes Ortega

Directores de la Colección

Agradecimientos

La concepción de este libro inició a partir de la sugerencia de Jonathan, y pudo finalizarse gracias a su apoyo moral, supervisión, retroalimentación y validación. Sin duda, haz evocado y reforzado al emprendedor que se encontraba aún inmaduro en mí cuando tuve la suerte de conocerte y recibir el gran regalo de tu amistad.

Pero la historia de este libro inició mucho antes, años atrás en Sidney (Australia) tuve gran fortuna de conocer y establecer una grata relación con las dos mujeres que más me han inspirado e impulsado en el mundo de la psicología, Mavis Tsai y Kelly Koerner. Kelly quien años después se convertiría en mentora de DBT México y de quien he recibido también una guía siempre paciente, empoderante y firme, y Mavis, quien fuera mi supervisora y me mostrara un mundo desconocido y mágico de conexión interpersonal. Y también es a partir de Mavis que conocí a los hombres de quienes más he aprendido, y que más me han influido como clínico, Robert Kohlenberg, con quien cualquier encuentro por breve o largo que sean siempre ha dejado una huella onda en mi proceder profesional y personal, y Jonathan Kanter, a quien mencioné inicialmente, y quien se convertiría en uno de mis amigos más queridos y mi mayor inspiración.

Otra figura clave en mi aventura dentro de FAP la jugó Joanna Dudeck, cuya amistad incondicional me enseñó más sobre la conexión social de la que se puede aprender en ningún libro. Una presencia inspiradora y una sonrisa en mis momentos de mayor inseguridad, otra de mis maestras más ilustres en el mundo de FAP.

Y por supuesto que debo agradecer también a Amanda Muñoz, con quienes he compartido enternecedoras experiencias en línea y en vivo, su impacto en mi como entrenador es inmenso. A Benji Schoendorff por su amistad, inyecciones de confianza, y esas grandes pláticas sobre Ciencia Conductual y la vida. A Adam Kuczynski por siempre saber hacerme sonreír e inspirarme. A mis padres y a Nathalia por estar ahí para soportar mi mal humor.

Y al final una declaración de amor y solidaridad a toda la comunidad de FAP en Latinoamérica, Claudia (por respaldarme en la difusión de este proyecto), Marce, Pepe, Ángel, Humberto, Angie, Germán, Fabi (gracias amigo por creer en este proyecto), Mily (sin tus sugerencias este libro sería ininteligible), Kari, Memo y Anesh (aprendo tanto de ustedes)... y al resto de personas que no incluyo, les pido una disculpa, son tantos los nombres y tantas las caras que tendría que escribir de todos y cada uno de ustedes me resultaría en un texto más amplio que este mismo libro. Ustedes saben quienes son y saben que mi agradecimiento por ser parte de mi vida es infinito.

Michel

Prefacio

Inicialmente fuí entrenado en Terapia Cognitivo-Conductual, y luego en Terapia de Aceptación y Compromiso. Mientras intentaba aplicar las técnicas provenientes de estos enfoques, rápidamente me di cuenta de que mis consultantes no respondían tan bien a ellas. Parecían hacerlo solo por momentos, luego el progreso se detenía y la terapia se estancaba. En otros momentos, mis consultantes se reusaban a hacer ejercicios en sesión o realizar tareas entre ellas. Era un misterio para mí el saber que podría llegar a hacer diferente. Había leído literatura sobre la "resistencia del paciente" pero esto no me resultaba de ayuda. Afortunadamente, y muy pronto en mi carrera, me crucé con la Psicoterapia Analítica Funcional, y mi trabajo clínico cambió para siempre. Finalmente obtuve las herramientas para entender por qué este mismo comportamiento, digamos hacer un ejercicio o tarea, podrían representar un progreso para un consultante, pero no para otro en cuyo caso no hacerlo era el progreso.

En vez de concentrarse en la forma de los comportamientos del consultante (y el terapeuta), FAP atiende a la manera en que un comportamiento particular funciona en el contexto individual de la persona. Y provee de un conjunto de herramientas y principios para trabajar desde ahí. En términos de la intervención en terapia, FAP nos llama a atender a lo que los comportamientos de nuestros consultantes representan, una instancia de comportamientos problemáticos que interfieren con su vida, o una mejoría respecto a los comportamientos que los estancan. Así que, para un consultante cuya dificultad se refiere a hacer lo que se le dice sin expresar sus necesidades o elegir por ellos mismos, hacer una tarea o ejercicio pudiera ser un ejemplo de un comportamiento problemático. Por otro lado, para quien se le dificulta recibir retroalimentación o consejo, hacer el ejercicio puede ser una señal de progreso. FAP nos invita a ser exquisitamente sensibles hacia nuestros consultantes, lo que hacen y cómo funciona para ellos. Llama nuestra atención al comportamiento que ocurre momento-a-momento, al comportamiento que ocurre durante la sesión de terapia y en el contexto de la terapia, tanto el del consultante como el nuestro. Y nos da una herramienta clara y práctica para trabajar con esos comportamientos, al servicio del consultante y de mejorar nuestras habilidades clínicas.

FAP es un modelo único. Está basado en principios bien validados, e invita a estar más conscientes del impacto de nuestro comportamiento momento-a-momento, se edifica en valor para intervenir y cambiar a través del amor, fuerza que instiga al cambio y crea la conexión interpersonal necesaria para esta labor. Desde sus raíces analítico conductuales, FAP ayuda al consultante y al terapeuta a crear y desarrollar una relación terapéutica profunda y llena de amor, de forma que puede resultar en un cambio perdurable para ambos. Que alcance el corazón de la experiencia humana y su búsqueda, nuestra profunda necesidad de conexión y un espacio de seguridad en el que podamos crear el valor y la habilidad para cambiar y crecer como las personas que deseamos ser.

La raíz conductual de FAP provee de principios precisos y flexibles que pueden ser usados por terapeutas de cualquier orientación - Análisis Conductual, Terapia Cognitivo Conductual, Terapia de Aceptación y Compromiso, Terapia Dialéctico Conductual, y Terapia Centrada en la Persona, o Aproximaciones Psicodinámicas.

Mis queridos amigos Michel Reyes y Jonathan Kanter han escrito un libro único en el mundo de habla hispana. No solo por ser el primer libro de FAP proveniente de América Latina, sino porque ofrece una aproximación original y de primera fuente de su versión más reciente, el modelo de Consciencia, Valor y Amor (ACL). Una forma amigable de usar FAP y presentarla a audiencias no profesionales. Este libro representa una contribución significativa al desarrollo de FAP y el modelo ACL. Elabora sobre la literatura previa de FAP, y al mismo tiempo hace la descripción del modelo ACL más detallada de las existentes hasta la fecha, tomando en cuenta tanto la forma en que este modelo aplica al responder del consultante y del terapeuta. Este libro provee de guías claras para usar los procesos de FAP, crear un espacio sagrado para trabajar en psicoterapia, obtener consentimiento del consultante para iniciar el trabajo clínico, y para finalizar la terapia.

Una de las fortalezas del libro es la profundidad con la que atiende al comportamiento del terapeuta. A través de FAP, yo fui capaz de identificar la forma en que mi comportamiento podría ayudar o perjudicar a mis consultantes, y este libro te ayudará a elevar tus habilidades a un siguiente nivel justo en eso. El libro también toma en cuenta el comportamiento del terapeuta fuera del consultorio, no solo en su vida profesional sino personal también. Tan solo por eso, este libro sería una valiosa adición a cualquier biblioteca de un psicoterapeuta. De corazón abierto, claro y práctico, con formatos de auto-evaluación y cuestionarios de valoración, este libro será de interés tanto para terapeutas, estudiantes y entrenadores interesados en mejorar su eficacia clínica y la resolución de problemas que se presenten en la terapia. Escrito por dos investigadores líderes en FAP, este libro ofrece una visión detallada de la evidencia sobre esta terapia. Y también apunta hacia direcciones para futura investigación y el posicionamiento de FAP dentro del creciente universo de la Ciencia Conductual Contextual.

FAP ha hecho una diferencia significativa en mi vida como terapeuta, en mi trabajo clínico, en la vida de mis consultantes. Y lo más valioso de todo, me ha ayudado a mejorar mis relaciones íntimas, me ha permitido profundizar mi conexión con las personas que amo y a las que sirvo. Si usted lee este libro y se da la oportunidad de poner en práctica los principios que describe, podría hacer lo mismo por usted.

Benjamin Schoendorff, MA, MSc

Fundador del Contextual Psychology Institute, Montreal

Primera Parte

La teoría de la Psicoterapia Analítica Funcional

Capítulo 1:
Breve introducción a la ciencia conductual contextual

El presente capítulo tiene como objetivo describir las características del análisis de la conducta clínica desde la perspectiva de la ciencia conductual contextual, y la forma en que sus principios fundamentan la práctica de la Psicoterapia Analítica Funcional (*FAP* por sus siglas en inglés). Si usted es un analista de la conducta o tiene experiencia trabajando desde una aproximación conductual contextual puede que desee pasar al siguiente capítulo; si, por el contrario, usted no tiene experiencia en esta aproximación, tal vez desee leer con detenimiento y regresar a este capítulo cuantas veces necesite. Somos conscientes de que este capítulo puede parecerle demasiado cargado de información y hasta abrumador, sin embargo, confiamos en que se sentirá **más** seguro y cómodo con la filosofía (y lenguaje) conductual contextual mientras avanza su lectura.

1.1. Bases filosóficas de la ciencia conductual contextual.

El *conductismo radical* es la filosofía de la ciencia desde la que B. F. Skinner (1953) construyó su perspectiva de la psicología, y la constituyó como un cuerpo unificado de conocimiento. Su objeto de estudio es la *conducta*, entendida como "todo lo que hace el organismo", y la forma en que la explica es a partir de su interacción con el ambiente. Asímismo, es una forma de entender la individualidad y empatizar con los demás, sin juzgarlos, en tanto que se entiende su proceder a partir de las situaciones en que se ha desarrollado a lo largo de su vida.

Actualmente, se usa el término *ciencia conductual contextual* (Gifford & Hayes, 1999) para referirse a la práctica básica y aplicada de un conductismo contemporáneo, cercano al conductismo radical, que enfatiza la naturaleza contextual de la esta ciencia, y que relaciona al conductismo con otras aproximaciones contextualistas de la psicología y las ciencias sociales, p.ej. el constructivismo social, las aproximaciones feministas en psicoterapia o los estudios culturales de la antropología (Hayes, Barnes-Holmes & Wilson, 2012; Roche & Barnes-Holmes, 2003).

A la implementación clínica de esta filosofía, sus métodos y principios, se le llama *análisis y modificación de la conducta clínica* (Dougher & Hayes, 2000). La *FAP*, es un tipo de análisis de la conducta clínica que se desarrolló a partir de múltiples análisis sobre la naturaleza de la relación interpersonal entre consultante y psicoterapeuta; observaciones que se interpretaron desde esta aproximación psicológica para lograr un fin, *aliviar el sufrimiento e incrementar la capacidad de conectarse, intimar y disfrutar la compañía de quienes nos rodean, el mundo en que vivimos y con nosotros mismos.*

1.1.1 El acto en contexto.

El objeto de análisis de la ciencia conductual contextual es *el acto ubicado en una situación determinada*, esto quiere decir que el significado del comportamiento es entendido desde el escenario donde se presenta, situación a la que llamamos *contexto*. Por ejemplo, el acto de sonreírle al terapeuta dice poco sobre su significado o *función* dentro de la situación donde ocurre, pero si analizamos las características del evento donde este acto ha sucedido, digamos que después de que el terapeuta le ha dado la mano y le ha dicho buenos días, podemos entender mejor la función que esa conducta tiene ante ese acontecimiento; en el caso del ejemplo, se podría decir que la función es regresar el saludo y ser amable.

Toda acción ocurre en un momento específico y tiene un bagaje histórico, por lo que se asume que para entender su significado se deben considerar tanto el contexto en el que ocurre la conducta como la historia del individuo que se comporta -contexto histórico-; es decir, el evento mismo en que se presenta el acto, los factores socioculturales e históricos que le determinan y los factores de la historia individual que hicieron que el individuo aprendiera a comportarse de determinada manera en ese tipo de situaciones. Por ejemplo, para poder suponer que la persona está regresando el saludo de forma amable, es necesario considerar que este acto ocurre después del saludo del terapeuta, que la oficina del terapeuta está en una zona urbana de nivel socioeconómico medio de la Ciudad de México[1], que la sonrisa es una forma de saludar para los mexicanos de clase media que viven en zonas urbanas en el momento histórico en que ocurre el evento, que la persona que sonríe ha sido halagada de diversas formas en el pasado por su linda sonrisa y que esto ha ocurrido normalmente cuando saluda.

Desde esta perspectiva, la labor misma del científico o del terapeuta conductual también debe situarse y observarse en su contexto, por lo que resulta necesario especificar tanto el objetivo, método y situación donde se realiza su labor, de forma que desde estas condiciones pueda evaluarse la eficacia de su tarea. A continuación explicaremos los objetivos que persigue la ciencia conductual contextual.

1.1.2 Una ciencia pragmática y parsimoniosa.

El objetivo principal de la ciencia conductual contextual es *predecir* e *influir* en la conducta, esta meta la define como una ciencia pragmática y la distingue de otras ciencias psicológicas, naturales o sociales cuyo interés podría situarse en describir en

---

1 Los autores nos disculpamos por la especificidad del ejemplo, pero nos consideramos incompetentes para poner un ejemplo que pueda aplicar a un contexto cultural más amplio

detalle el funcionamiento del cerebro, la forma en que se establecen diversos roles individuales creando dinámicas específicas de grupos, o los sucesos históricos que dan lugar a las prácticas culturales actuales.

Para lograr estos objetivos, se han desarrollado numerosos programas de investigación en diversas partes del mundo que, entre otras cosas, estudian, describen y nombran interacciones ambiente-individuo con características comunes. De esta forma se especifican "principios" que sirven para predecir e influir en la conducta de una forma *precisa*, con el menor número de conceptos viables; con la mayor *amplitud* posible, en el mayor número de escenarios posibles, y con la mayor *profundidad* que se pueda, que quiere decir a lo largo de diversos niveles de análisis, por ejemplo, genético, psicológico, sociológico, etc.

Así, el conductismo es pensado como una ciencia parsimoniosa, por su interés en usar la menor cantidad de términos posibles y aplicarlos a la mayor diversidad de situaciones como sea viable, solo desarrollando nuevos términos cuando se haya mostrado que los preexistentes resultan inadecuados para la comprensión del evento de interés. Entiéndase por "comprensión", el acto de predecir y manipular el evento. Entonces, la ciencia conductual contextual tiene como objetivo la predicción e influencia del comportamiento, y para lograrlo utiliza un lenguaje caracterizado por el uso de términos precisos y que puedan aplicarse con gran amplitud y profundidad (Hayes, Barnes-Holmes & Wilson, 2012).

Por ejemplo, la *extinción* se refiere al proceso mediante el cual un comportamiento que deja de ser reforzado -un reforzador es un estímulo que incrementa la probabilidad de repetir una conducta y/o su intensidad- se va debilitando hasta que desaparece casi por completo. Este concepto es "preciso" en nuestro "lenguaje de conductistas" porque no tiene ningún otro significado y no existe ningún otro término que haga referencia al mismo proceso, aclaro "en nuestro lenguaje de conductistas". Es un término que puede usarse en gran "amplitud" de escenarios, por ejemplo en un noviazgo, una persona dejará de hacerle cumplidos a su pareja si después de hacerlo en diversas ocasiones esta no responde de una forma deseable; en un ambiente laboral, una persona dejará de enviar currículums por correo electrónico a una empresa si no recibe respuesta alguna después de intentarlo varias veces; o en un ambiente clínico, un terapeuta será susceptible a dejar de hacer preguntas sobre las emociones de un consultante si éste se queda callado o le cambia el tema cuando indaga. Finalmente, el término tiene "profundidad" porque puede utilizarse a lo largo de diversos niveles de análisis, por ejemplo: en un nivel biológico, un brazo se atrofia si no se usa; en un nivel psicológico, si pensar en soluciones a mis problemas no me da resultados es de esperarse que eventualmente deje de pensar en ello y me desesperance; a un nivel social, un porcentaje de la población cada vez mayor dejará de participar en las elecciones presidenciales de su país si después de varios procesos electorales y cambios de partidos en el poder sus condiciones de vida siguen sin mejorar, etc.

Otro aspecto importante de la extinción es que al ceder un comportamiento este es remplazado por otros que pudieran ser reforzados, por ejemplo, hacerle rabietas a la pareja, ir a dejar el currículum presencialmente, pedir a otras personas soluciones a mis problemas, hacer movilizaciones sociales, etc. Note por favor que el principio de extinción no se refiere a la forma específica del comportamiento, como manifestarse socialmente, sino al proceso de disminuir una conducta y presentar otra cuando la primera no ha sido reforzada de forma repetitiva. Así, el poder para predecir la conducta al usar este principio se refiere a su proceso, cese de reforzamiento, y no a la forma del proceso, como dejar de hacer preguntas.

Por último, la ciencia conductual contextual observa el comportamiento desde una perspectiva *monista*, esto quiere decir que se atiende al comportamiento de "todo el organismo" como una unidad. En el ejemplo mencionado al inicio del capítulo, cuando decimos que el consultante le sonríe al terapeuta damos por hecho que existen reacciones neuroquímicas, cogni-

tivas, musculares, etc. que forman parte de la respuesta de sonreír. Así, no se asume que los músculos del rostro provocan las
reacciones neuroquímicas, que el pensamiento causa la sonrisa
o que el cerebro causó todo lo demás, dicho de otra forma, una
mesa está hecha por la totalidad de sus partes y las partes por
separado no constituyen a la mesa. De esta forma, no se bus-
can las causas del comportamiento dentro del mismo comportamiento, sino en el contexto en que ocurre el comportamiento,
no se identificaría el motivo de la sonrisa del consultante en sus
sentimientos sino en el saludo que le precedió, y no se explicaría
el origen del saludo del terapeuta en su pensamiento sino en
la historia de aprendizaje que le ha desarrollado como una respuesta deseable en determinadas situaciones (contextos).

Buscar las causas del comportamiento en la ambiente resulta útil para poder influirle, puesto que siempre es posible modificar el contexto, en mayor o menor medida, y proveer nuevas
historias de aprendizaje, según los recursos con que se cuente.
Por ejemplo, si no se desea que se extinga el comportamiento de
votar habría que crear condiciones en las que votar fuera reforzado, si no se desea que se dejen de enviar peticiones de empleo
a su empresa convendría que se diera respuesta más inmediata
a las solicitudes, sería conveniente para nuestro consultante ser
más responsivo durante las conversaciones si pretende mantener interesadas a las demás personas en dialogar con él. Como
analistas del comportamiento y psicoterapeutas pensamos que
ésta es la forma más fácil de influir en el comportamiento, más
no de controlarlo por completo puesto que no creemos que eso
sea siquiera posible. En principio, un organismo no responde a
un estímulo en un momento dado, sino a un evento, mismo que
está compuesto de una multitud inidentificable de estímulos que
influyen combinadamente en el organismo, y dicho evento solo
tiene significado para el organismo a partir de su historia; ya que
no podemos controlar la historia y todos los estímulos del evento
como lo haríamos en un experimento de laboratorio, consideramos que podemos influir en el comportamiento, pero controlarlo
"jamás".

Una vez dicho lo anterior, podemos entender que *"FAP es una forma de analizar e influir en la forma en que las personas interactúan con su entorno, para lo cual se sirve de un mínimo de principios que se aplican de forma generalizada a los contextos de interés"*. Ahora explicaremos algunos principios conductuales que es requisito entender para poder aplicar FAP de manera adecuada, y entender el resto del libro.

1.2. Terminología básica.

1.2.1 Conducta.

Para un conductista contextual, la *conducta* es *todo y cualquier cosa que hace un organismo*. Esta se puede clasificar de manera arbitraria a partir de las dimensiones desde las que un observador elija mirarla, un tipo de clasificación que nos será de especial interés en este libro se refiere a lo "reservado" de su observación, de esta forma puede ser pública o privada. La *conducta pública* como reír, caminar, respirar, escribir, etc. que puede ser observada, escuchada o sentida por cualquier individuo distinto a quien se comporta; y la *conducta privada* que solamente puede ser observada por quien actúa porque ocurre "dentro de su piel", por ejemplo pensar, imaginar, sentir, desear, recordar, etc., incluso si un consultante habla al terapeuta de sus ideas, el segundo no "escucha" sus ideas – conducta privada- sino que lo que "comprende" es lo que éste dice de ellas – conducta pública-.

1.2.1.1 Función de la conducta.

Toda conducta tiene una *función* o efecto respecto al contexto donde ocurre, en un lenguaje común se puede decir que la función de la conducta es su propósito, para lo que sirve. De hecho, muchas conductas pueden ser de topografías –formas– diferentes y tener la misma función; si muchas conductas diferentes funcionan de la misma forma se dice que pertenecen a la misma *clase funcional de respuesta*.

Suponga que usted es el terapeuta de un consultante que desea mejorar su capacidad de vincularse emocionalmente con sus hijos adolescentes con quienes lleva una relación "distante" desde que entraron a la escuela secundaria. El consultante se lamenta por elegir hablar de temas superficiales con ellos, distraerse con tareas laborales o domésticas, o limitarse a tener conversaciones breves y unilaterales con ellos debido a que experimenta un intenso miedo a decir algo incorrecto que termine alejándole aún más de ellos. Al pedirle describir cómo le gustaría acercarse a sus hijos, le comenta que quisiera preguntarles por sus intereses, actividades, contarles anécdotas graciosas que le hayan sucedido en el día o simplemente escucharlos. En este ejemplo se podría decir que hablar breve y unilateralmente, de temas superficiales, o distraerse con tareas domésticas en situaciones donde se propicia la conversación pertenecen a una misma clase funcional, la *evitación* de sus temores –es decir de sus propias reacciones privadas-, mientras que preguntar, escuchar y contar historias graciosas pertenecen a otra clase funcional, *aproximarse* a tener un vínculo emocional mayor con sus hijos.

Dicho lo anterior, en el contexto de la psicoterapia podría suponerse que el consultante presentará una gran variedad de comportamientos que funcionen para evitar sentirse rechazado, inadecuado o extraño respecto al terapeuta, es decir que aunque se presenten en otro momento o con otra persona también pueden incluirse dentro de la misma clase funcional de evitación, mientras que cualquier comportamiento que permita lograr una mayor intimidad emocional puede considerarse un ejemplo de aproximación, incluso sería de esperarse que el consultante presentara una gran diversidad de conductas con otras personas que, aunque distintas topográficamente, tengan funciones de evitación o aproximación dependiendo del contexto.

Es muy importante notar que la frecuencia con que se emiten conductas de evitación en un contexto específico, con regularidad resulta en una tasa inversamente proporcional de conductas de aproximación. En el caso del ejemplo anterior, cuando nuestro consultante elige evitar o controlar su miedo está dejando de intentar conectarse emocionalmente con sus hijos. Esto no quiere decir que evitar el malestar es un problema en sí mismo, lo es siempre y cuando hacerlo se contraponga con lograr lo que la persona desea para su vida en ese momento, es decir que la evitación es un problema o no dependiendo del contexto. Así, cuando la evitación es generalizada y persistente en diversos ambientes con frecuencia trae como resultado la imposibilidad de intentar comportamientos alternativos que resulten en la gratificación de las propias necesidades, mayor malestar por no poder eliminar el malestar de forma definitiva de la vida y *sufrimiento* por vivir una vida menos satisfactoria y más estereotipada y restrictiva cada vez.

Si se considera que la meta de la psicoterapia es ayudar al consultante a comportarse de una forma congruente con el tipo de vida que quiere llevar y que en el momento en que asiste a consulta está insatisfecho con su éxito en esa labor, se podría suponer que las acciones de evitación se estarían presentando en *exceso* y las conductas de aproximación en *déficit*; así, la tarea del terapeuta es ayudar a incrementar la frecuencia de las conductas en déficit y reducir las conductas en exceso (Törneke, 2010). De hecho, los diversos tipos de psicoterapia conductual contextual dan un lugar importante a la aceptación del malestar psicológico en tanto que este es inherente a llevar una vida con significado, y a la activación de patrones de comportamiento que permitan tener una vida más gratificante; es el caso de la FAP, que entre otras cosas sirve para incrementar la capacidad de desarrollar relaciones interpersonales de gran intimidad emocional, donde la indisposición para sentirse vulnerable representa el principal obstáculo para desarrollar esa conexión.

1.2.2 Estímulo.

Un *estímulo* es todo aquello a lo que la persona reacciona, sea de forma privada o pública, si no reacciona a él no es estímulo (Staats, 1996). Al igual que la conducta, los estímulos tienen una función y pueden agruparse en *clases funcionales de estímulo* dependiendo del efecto que tienen en la conducta; dicha función es independiente a su topografía y depende del contexto. Así, la función de la conducta se refiere al efecto de la conducta sobre el ambiente, y la función del estímulo es el efecto que un estímulo tiene sobre la conducta.

Por ejemplo, una auto-revelación del terapeuta puede tener la función de hacer sentir en confianza al consultante, animarlo a hablar de sus sentimientos y motivarlo a seguir hablando de ellos en el futuro, lo que finalmente puede contribuir a crear una relación terapéutica más intensa y significativa entre ellos; con otro consultante esta auto-revelación podría funcionar para provocar suspicacia; o inclusive, esta auto-revelación puede funcionar de manera distinta en la misma persona dependiendo del momento de la terapia donde se presenta. Determinar la función de un estímulo solo es posible a partir de la observación minuciosa sobre el efecto que este tiene en el comportamiento en un momento particular.

En la psicoterapia se busca, naturalmente, que el consultante reaccione diferente a diversos estímulos según sea su interés, por ejemplo: "deseo dialogar –conducta- en vez de pelear cuando se me hace una crítica –estímulo-". En un lenguaje cotidiano se le llamaría "aprendizaje" a este cambio, en un lenguaje conductual se considera que el aprendizaje es *el cambio de la función de un estímulo respecto a la conducta* (Ramnero & Törneke, 2008).

1.2.2.1 Estímulo antecedente.

Los estímulos pueden dividirse en dos tipos básicos, antecedentes y consecuencias. Cuando un estímulo precede a una conducta se le llama *antecedente*, si bien se pueden clasificar a los estímulos antecedentes de diversas formas -existen muchos tipos de antecedentes-, a nosotros nos interesa en particular la función que tiene un estímulo para provocar una respuesta, a esta función se le conoce como *discriminativa*.

Cuando un estímulo discriminativo (S^D) provoca una respuesta de aproximación se le llama *apetitivo* y cuando incita una conducta de evitación se le llama *aversivo*. Es importante notar entonces que lo apetitivo o aversivo no está determinado por la cualidad hedónica del estímulo (agradable o desagradable) sino por la clase funcional a la que pertenece la respuesta que le sucede. Ya que la presencia del estímulo discriminativo es lo que determina la ocurrencia o no de la conducta, se dice entonces que está *bajo control del estímulo*; sin embargo la presencia de este estímulo no es suficiente puesto que su función puede variar dependiendo de las circunstancias donde éste se presenta, por esta razón sería mucho más preciso decir que la acción de la persona está bajo control contextual puesto que es la presencia del estímulo en un contexto específico lo que provoca la acción.

Comprender el principio de control de estímulo y contextual es de importancia fundamental para la psicoterapia puesto que ésta tiene dos ambientes como mínimo: dentro del consultorio y el ambiente natural (Törneke, 2010). Dentro del consultorio es el lugar en que se observan y desarrollan cambios en el comportamiento del consultante, sin embargo, el hecho de que éste cambie con el terapeuta no quiere decir necesariamente que cambiará en el entorno natural, por lo que muchas veces se debe trabajar en introducir o identificar estímulos del ambiente natural que provoquen la respuesta deseada en el ambiente necesario y así, *generalizar* la conducta a este contexto (las formas de lograrlo se describen en el capítulo 8).

Existe otro tipo de antecedente que nos interesa observar, las *operaciones de establecimiento* (Michael, 1993) son condiciones que determinan la "responsividad" del individuo a los estímulos apetitivos o aversivos y por lo tanto incrementan la probabilidad de que actúe para evitarlos o aproximarse a ellos; incluso pueden determinar cuándo es que un estímulo tiene una función aversiva o apetitiva. Un tipo de operación de establecimiento es por ejemplo la privación de una clase de reforzador, en este caso podremos como ejemplo la atención, bajo esta condición se espera que si una persona está privada de atención las conductas que funcionan para obtener el estímulo del que se está privado se incrementen en presencia de los estímulos que les provocan, p.ej. hablar con un tono de voz elevado o mover mucho las manos en presencia de la pareja sentimental. Otro tipo de operación de establecimiento es la sobreexposición a estimulación aversiva, que da como resultado una elevada respuesta de evitación ante los estímulos aversivos. En un lenguaje cotidiano se podría decir que una operación de establecimiento es como "estar motivado", "tener una necesidad" o inclusive "estar emocionado". Las emociones y estados de ánimo pueden conceptualizarse desde una lógica analítica conductual como operaciones de establecimiento puesto que se suceden ante situaciones específicas y predisponen a la persona a reaccionar ante ciertos estímulos de formas definidas para crear consecuencias específicas (Lewon & Hayes, 2014).

La relevancia clínica de comprender las operaciones de establecimiento puede comprenderse con el siguiente ejemplo. Suponga que tiene un consultante que se preocupa porque su comportamiento es muy agresivo –usualmente este sería conceptualizado como comportamiento de tipo evitación-, parte de nuestro trabajo es identificar en qué situaciones y ante qué estímulos ocurre la conducta agresiva –típicamente aversivos- y cuáles son las condiciones que le tienen "sensible" a estos estímulos y hacen que actuar de esta forma sea tentador –las operaciones de establecimiento-, la sobrecarga laboral, por ejemplo. Si contemplamos este cuadro, se hace evidente que la labor del terapeuta no solamente es desarrollar comportamientos de aproximación que ayuden al consultante a vivir de una forma más significativa, sino que al mismo tiempo tiene que procurar que los cambios en su comportamiento den soluciones a las condiciones de vida que lo mantienen estresado.

1.2.2.2 Estímulo consecuencia.

Las consecuencias de la conducta favorecen o merman su ocurrencia futura, un estímulo *consecuencia* es aquel que sigue a la conducta. El tipo de consecuencia que más nos interesa en la FAP es el *reforzador*, un tipo de consecuencia que funciona para fortalecer la conducta, incrementar su frecuencia, duración o intensidad.

El *reforzamiento* es un proceso porque la conducta se va fortaleciendo –reforzando- con el tiempo, no se establece de un momento a otro pues se requiere que la conducta reciba un reforzador de manera contigua y contingente –después de su ocurrencia-, repetida y en la misma situación antes de que ésta se establezca. De esta manera, el antecedente y la consecuencia están en una relación de interdependencia, ambas conforman el contexto, puesto que la conducta reforzada tenderá a repetirse solamente ante la presencia de los estímulos donde se ha reforzado previamente. La conducta ha sido reforzada por sus consecuencias y mientras más se ha reforzado más fuerte es el control que el estímulo discriminativo tiene sobre ella, por esa razón se dice que antecedentes y consecuencias son las *contingencias* que controlan la conducta, esta relación se encuentra descrita de forma gráfica en la figura 1.1.

El refuerzo a su vez es dividido en dos tipos, positivo y negativo, lo cual se determina a partir de la función que tiene la conducta en el ambiente. Un reforzador positivo (S^{CR+}) es la consecuencia de añadir algo apetitivo (por eso el signo de suma "+") al ambiente, por ejemplo: Si el consultante agradece al terapeuta por la utilidad de una sesión, y la expresión de sentimientos positivos y "humildad" se desea incrementar –reforzar-, el terapeuta podría abrazar al consultante y expresar que se siente satisfecho también –añade el abrazo y su comentario-.

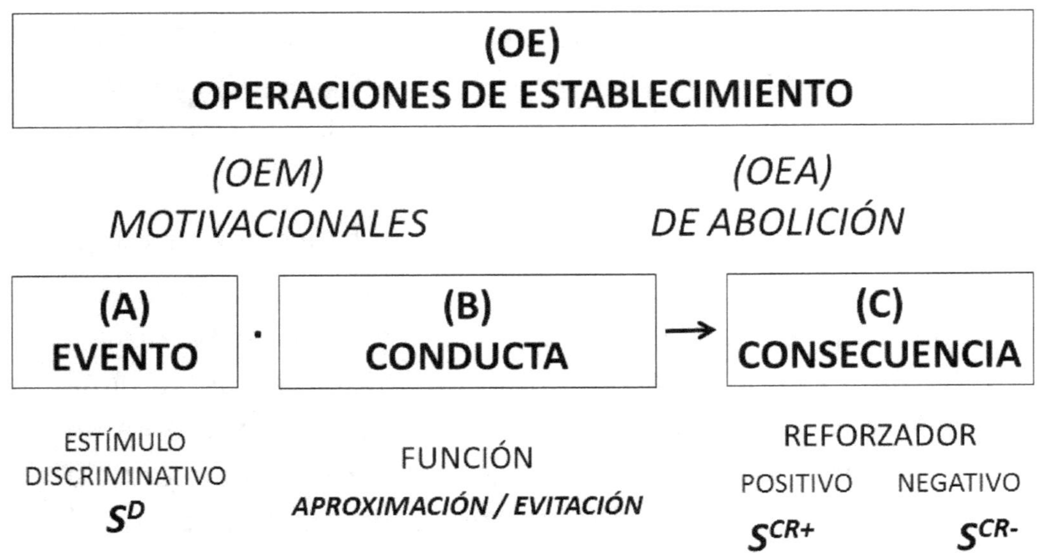

Figura 1.1. Contingencias que controlan la conducta

Un reforzador negativo (S^{CR-}) es la consecuencia de quitar (por eso el signo de resta "-") algo aversivo del contexto, sea *"controlándolo"* o removiéndolo una vez que el estímulo se ha presentado, *"evitando"* enfrentarse al estímulo o *"escapando"*, es decir retirándose de la situación cuando el estímulo aversivo se ha presentado; por ejemplo, un terapeuta que está teniendo dificultades en su matrimonio podría evitar preguntar al consultante sobre su nueva pareja –resta los recuerdos de su matrimonio y sus sentimientos de tristeza que se presentarían–.

A su vez, el reforzador puede ser natural o arbitrario. Un *reforzador natural* se llama así porque se presenta en el ambiente cotidiano del consultante y por lo tanto es contingente a él en gran variedad de entornos, resulta muy efectivo para desarrollar y mantener un comportamiento; por ejemplo, mirar atentamente a los ojos a una persona – reforzador natural- cuando esta habla sobre algo que le importa –conducta-. Un *reforzador arbitrario* es específico de una situación y está seleccionado artificialmente para desarrollar una conducta, como puede suponerse, no se presenta en el entorno natural y por lo tanto sería difícil que la conducta se mantuviera en el entorno natural; por ejemplo, decir "mmm te entiendo" –refuerzo arbitrario- a un consultante cuan-

do habla de sus intereses –conducta- dentro de la sesión terapéutica puede ser efectivo para que el consultante exprese sus
necesidades, pero no se puede esperar que las diga con su familia o pareja si éstas no acostumbran decirle "mmm te entiendo".

Desde la lógica de FAP, la forma en que el terapeuta ayuda al consultante es a partir del refuerzo natural del comportamiento deseado dentro de la sesión de terapia, porque solamente a partir del refuerzo es que se fortalece la conducta y el
único momento donde le puede reforzar es durante la sesión de
terapia (profundizaremos en el capítulo 2).

1.2.3 Relaciones funcionales de alta probabilidad.

Una relación funcional es la función bidireccional existente entre un estímulo y una acción (Estímulo ↔ Conducta). Dicha
relación, simétrica y recíproca está determinada por la historia
evolutiva de la especie y la historia de aprendizaje particular del
individuo, por las interacciones de nuestros antepasados y las
propias con el tipo de estímulos en cuestión. Ya que las personas
compartimos historias similares, evolutivas o culturales, tende-
mos a responder de formas similares a estímulos específicos,
por lo que no es difícil encontrar relaciones funcionales (estímulo
↔ conducta) generalizadas en una población, si dichas relaciones son generalizadas decimos que son de "alta probabilidad".

De esta manera, buscar sitios con temperaturas templa-
das y evitar sitios con temperaturas extremas implica una relación funcional conducta ↔ temperatura de alta probabilidad.
Lo mismo que, para un Mexicano (y creemos que esto puede ser
universal en Latinoamérica), dar seguridad a una persona que se
muestra vulnerable suele funcionar para que siga confiando en
hacerlo (note que en este ejemplo la respuesta de un individuo es
estímulo para la del otro y viceversa).

La importancia terapéutica de identificar relaciones funcionales de alta probabilidad es que ayudan al terapeuta a res-

ponder de formas que tengan una alta probabilidad de funcionar como S^D o S^{CR} respecto a las respuestas que el consultante desee fortalecer, aun cuando no conozca a detalle la historia de aprendizaje de la persona. No obstante, el terapeuta FAP siempre debe estar atento a ajustar su respuesta acorde a la situación y a la persona con que se encuentre en un momento determinado. Más adelante en el libro hablaremos del modelo de Consciencia, Valor y Amor de la FAP, este modelo se basa enteramente en el concepto de relaciones funcionales de alta probabilidad.

1.3. Consideraciones adicionales.

La conducta verbal es un tema de consideración especial dentro del análisis conductual porque posee características formales y funcionales que le distinguen de otras conductas, por esta razón hemos dedicado un apartado específico para describirle. También consideramos que resultaba importante añadir, dentro de este apartado algunas ideas generales relacionadas con la adquisición, alteración y transformación de las funciones de los estímulos, que no describimos anteriormente.

1.3.1 Conducta verbal.

De forma sencilla, podríamos decir que Skinner (1957) definió la conducta verbal como la conducta de un hablante que es reforzada por el comportamiento de un escucha; por ejemplo, dar una instrucción –conducta verbal- y que otro obedezca –refuerzo-. La conducta verbal no se limita a la emisión de combinaciones de sonidos, lo mismo podrían ser señales, gestos, etc.

En este manual, nos interesan fundamentalmente dos tipos de conducta verbal. Por un lado, el *tacto* que es una conducta que tiene como antecedente al estímulo mismo que se "tacta", digamos que el consultante le dice estar triste –la tristeza misma provoca la descripción del sentimiento- y usted "comprende a lo que se refiere" –reforzador-, en lenguaje cotidiano podríamos decir que tactar es "nombrar" o "describir" algo a otra persona. Por otro lado, el *mando* que es una conducta que tiene dos antecedentes combinados, una "necesidad" –es decir una operación de establecimiento- y la presencia de otra persona; ahora digamos que el consultante necesita compañía y se lo dice a su terapeuta –ambos hacen el antecedente-"me siento muy triste", y entonces el terapeuta se le acerca físicamente –en este caso el terapeuta refuerza la enunciación porque atiende a la necesidad, no porque comprende la necesidad. A veces un tacto y un mando son idénticos topográficamente, aunque sean funcionalmente distintos, diferenciarlos resulta muy importante en la FAP (en el capítulo 5 profundizaremos al respecto).

La conducta verbal es muy importante para la interacción social porque permite que personas distintas se entiendan y cooperen entre sí, esto no sería posible si no pudiéramos describir nuestros pensamientos y hacer peticiones a otros. De la misma forma es importante a nivel individual porque permite hacerse "consciente de uno mismo" y regular verbalmente la propia conducta, pues reconocer el mundo interno permite elegir actuar acorde a él o no, y darse instrucciones a uno mismo permite persistir en una acción aun cuando ésta no es reforzada inmediatamente. De aquí en adelante llamaremos *"reglas"* a las instrucciones dadas por uno mismo o los demás, y las acciones que tienen a una regla como antecedente les llamaremos *conducta gobernada por reglas* (para distinguir de conducta bajo control de estímulos). Note que una regla es una enunciación verbal de una conducta y una consecuencia que puede o no presentarse en el ambiente natural como en *si te esfuerzas muy duro en luchar por tus sueños* –conducta- *terminarás lográndolos* –consecuencia-.

La conducta gobernada por reglas es naturalmente insensible a las contingencias ambientales y por lo tanto la regulación verbal excesiva del comportamiento puede traer como consecuencia su rigidez, por lo que es deseable hacerse conciente de que las reglas son, de hecho, parte de la conducta del propio individuo, *eventos privados* y no eventos ambientales ante los que está obligado a reaccionar. Por ejemplo, supongamos que un terapeuta actúa bajo el control de la regla, "validar las expresiones emocionales de mis consultantes les permitirá aceptarlas a ellos mismos", actuar acorde a la regla puede ser de utilidad en muchos contextos, pero puede impedirle reconocer momentos en que la conducta no cumple su función y generar alternativas más efectivas. Por otra parte, el proceso de "observar" el propio comportamiento privado permite que se pueda "elegir" responder a él o no, el acto de contemplar la propia conducta privada permite relacionarse con ella como un *evento privado* que puede discriminarse y por lo tanto funcionar o no como un antecedente para otro comportamiento. En el ejemplo anterior, el terapeuta puede ser conciente de que "está notándose pensando" en la regla mencionada y elegir atender a la interacción que se está presentando entre él y el consultante en ese momento. En la práctica de la FAP es fundamental discriminar cuando se actúa bajo el control del mundo interno y externo y ayudar al consultante a hacer esa distinción de forma que esté en la posibilidad de actuar de forma más flexible y efectiva para lo que desea de su vida.

La auto-regulación verbal excesiva puede combinarse con la evitación de los estímulos aversivos y fortalecerla, esto se da cuando la persona misma desarrolla reglas relacionadas a la necesidad de evitar sentirse mal para poder lograr sus objetivos de vida (ver el capítulo 5 para una explicación más detallada); por ejemplo, "si me atemoriza el rechazo nunca podré conseguir pareja", "si me deprimo nunca podré ser feliz", "cuando me siento enfadado pierdo el control y daño a los demás", "si no tengo confianza en mí valor como persona los demás no lo notarán", entre otras. En el contexto de la FAP, el seguimiento de estas reglas impide que la persona se arriesgue a actuar de una forma que le haga sentirse vulnerable y crear vínculos emocionales más significativos con sus seres queridos y su vida misma, por el contrario, favorecen comportamientos de evitación auto-protectores que le mantienen distante psicológicamente.

El lector conocedor del tema habrá notado que omitimos mencionar aspectos fundamentales del tema, como la diferencia entre el hablante y el escucha, la redefinición del concepto de con-

ducta verbal propuesta desde la teoría del Marco Relacional, y la forma en que esta teoría permite entender por qué se "entienden" y siguen las reglas. Nuestra misión es consciente y deliberada pues obedece al objetivo de mantener este capítulo introductorio tan simple como sea posible. Si desea profundizar en el tema le sugerimos las lecturas de Hayes & Hayes (1988) y Zettle & Hayes (1982) incluidas en la bibliografía.

1.3.2 El significado de los estímulos.

Existen estímulos que son aversivos y apetitivos de forma innata, y su función está dada por la selección natural. Por ejemplo, un objeto demasiado caliente provoca quitar la mano cuando se le ha tocado, esto se seleccionó porque los individuos que no tendían a evitar este tipo de estímulos tenían mayor probabilidad de recibir quemaduras graves que resultaran en infecciones, muerte y por lo tanto menor probabilidad de sobrevivir.

No obstante, los estímulos también pueden haber adquirido sus funciones por su *asociación formal* con otros estímulos, a este proceso de aprendizaje se le conoce como *condicionamiento respondiente*. Por ejemplo, si un adolescente ha sido golpeado inadvertidamente – estímulo aversivo- después de que escucho que otro gritara su nombre, tanto el escuchar que gritan su nombre como el lugar mismo donde recibió el golpe pueden adquirir funciones aversivas. Se dice que estos estímulos tienen una relación formal con el golpe porque le precedieron o estaban presentes –eran contiguos- en el momento que sucedió. Inclusive la asociación de un estímulo neutro con otro que es aversivo de forma condicionada puede dar como lugar un segundo condicionamiento llamado de segundo orden; de la misma forma, un estímulo puede adquirir las funciones apetitivas o aversivas de otro al tener una relación formal de similitud con este, proceso al que se le llama *generalización*. En el caso anterior, el terapeuta puede tener funciones aversivas por tener el mismo color de cabello que el adolescente que golpeó a su consultante.

Por otra parte, al desarrollar el lenguaje aprendemos a relacionar estímulos arbitrariamente y esto también da como resultado la transformación de sus funciones, es decir que los relacionamos a partir de claves contextuales del lenguaje -mayor que, igual a, parte de, etc.- y no porque tengan una relación formal. Por ejemplo, pensando en una relación de coordinación, supongamos que el adolescente que golpeó a nuestro consultante se llama Juan y en ese momento hay una relación de coordinación entre el nombre Juan y el agresor. Esto daría como resultado que las personas de nombre Juan tengan funciones aversivas en nuestro consultante. Si después se aprende que John es igual que Juan, las funciones aversivas se transfieren a quien se llame John. Otro tipo de relación es de oposición como "contrario a", donde si Roberto es todo lo opuesto a Juan, entonces Roberto tendrá funciones apetitivas; también existen relaciones arbitrarias de comparación como "más que" o "menor que", jerárquicas "parte de", etc. y todas ellas tienen un impacto sobre las funciones del estímulo.

A partir de lo que se expuso anteriormente se pretende ilustrar que las causas de las funciones apetitivas o aversivas de un estímulo son sumamente complejas, varían de contexto a contexto, son dinámicas y difíciles de controlar. Sin embargo, esto no quiere decir que la persona estará condenada a actuar aleatoriamente a lo largo de su vida, la misma "autoobservación" de la que hablábamos en el punto anterior permite que la persona note diversos estímulos y sus funciones apetitivas o aversivas, las reacciones privadas que está teniendo respecto a dichos estímulos, las reglas que elabora y las acciones de aproximación o evitación que puede elegir realizar.

Si bien las preferencias de una persona han sido dadas por su historia de aprendizaje, ésta puede elegir satisfacerlas de formas diferentes en escenarios diferentes, siempre y cuando tenga la consciencia suficiente de sí misma y la situación, así como de la dirección hacia donde quiere conducirse en su vida. La figura 1.2 muestra un esquema elaborado que incluye un ejemplo de los antecedentes y consecuencias a considerar al realizar un análisis funcional de la conducta clínica.

1.4. Flexibilidad y adaptación al entorno como metas de la psicoterapia.

De acuerdo con Hayes, Villate, Levin y Hildebrant (2011), la ciencia conductual puede considerarse como una derivación de la ciencia evolutiva aplicada a la comprensión de la conducta, y los abordajes clínicos conductuales contextuales representan la aplicación de sus procesos al contexto clínico. Se podría decir que, de la misma manera en que los organismos varían genéticamente, se seleccionan sus rasgos dependiendo de su capacidad de adaptación al ambiente y se retienen en la próxima generación a partir de la herencia, las consecuencias reforzantes seleccionan las variaciones accidentales del comportamiento y promueven su repetición en situaciones similares (Skinner, 1974).

De acuerdo a los autores mencionados, toda forma de "psicopatología" puede ser descrita a partir de una reducción y rigidez en el repertorio conductual que da como consecuencia una gran dificultad para flexibilizar el comportamiento según los cambios del contexto y, por lo tanto, que sea un gran reto actuar y lograr metas importantes. En la literatura clínica conductual contextual se ha dado gran importancia a la influencia que tiene la evitación y la regulación verbal excesiva en esta rigidez; en consecuencia, los objetivos principales de este tipo de psicoterapias se relacionan al desarrollo de la *"apertura* a la experiencia psicológica, *consciencia* del propio comportamiento y su pertenencia al contexto, y la *activación* o acción propositiva hacia el cambio". Se puede decir, entonces, que fundamentalmente se busca desarrollar mayor sensibilidad al contexto y dar congruencia al propio comportamiento en función del logro de los propios objetivos (Villatte, Villatte & Hayes, 2016), dicha sensibilidad y congruencia se desarrolla en cada interacción entre consultante y terapeuta en FAP.

Recientemente, se han descrito tres procesos que contribuyen al desarrollo de esta flexibilidad desde FAP: a) *estar consciente* (awareness) del momento presente y lo que resulta importante dentro de él; b) el ser *valiente* (courage) para enfrentar situaciones emocionalmente incómodas y mantenerse despierto dentro de ellas; c) y *amar* (love), que implica dar amor al otro respondiendo con compasión y en sintonía de sus necesidades para crear un sentimiento de mayor conexión emocional y darse amor a uno mismo aceptándose y cuidando de sus necesidades. Como podrá notar, estos procesos son especialmente relevantes cuando se trabaja con consultantes que desean mejorar sus relaciones interpersonales. A partir de estos procesos pretendemos ayudar a los consultantes -y a nosotros mismos- a ser más receptivos a la forma en que las contingencias del ambiente operan respecto a qué/quienes son importantes para ellos y en consecuencia flexibilizar -y mantener flexible- su comportamiento, lo que permite moldear acciones más efectivas y variadas para conectarse y cuidar de ellos mismos y quienes les rodean, y vivir una vida intensa y valiosa.

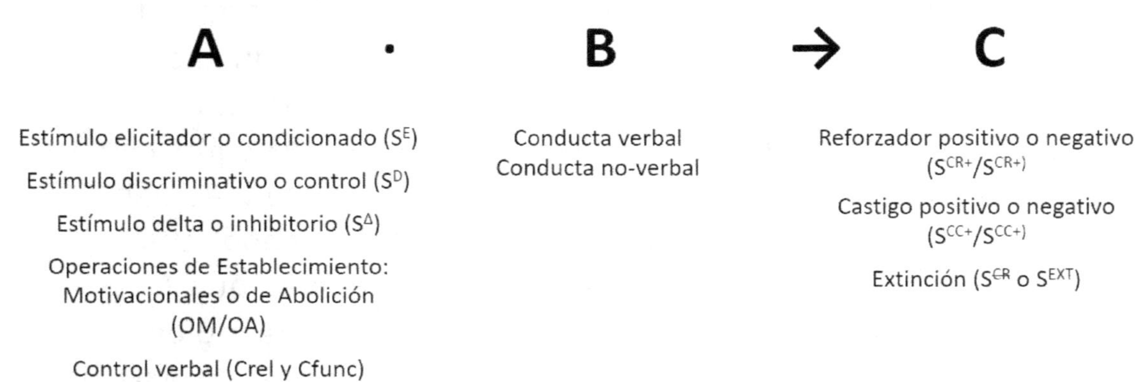

Figura 1.2. Variables a incluir en el análisis funcional de la conducta clínica

Capítulo 2:
La teoría de la psicoterapia analítica funcional

Este capítulo está dedicado a explicar los principios clínicos básicos de la FAP, su terminología básica y su metodología. Comenzaremos mencionando algunos aspectos básicos de su historia y su visión de la relación terapéutica como escenario del cambio clínico y del terapeuta como su vehículo, posteriormente explicaremos diversos tipos de conducta clínicamente relevante y las 5 reglas de la FAP que sirven para intervenir sobre ellas, concluiremos con la integración de la información revisada describiendo la interacción terapéutica lógica de la FAP. Este capítulo y el siguiente (capítulo 3) servirán como introducción y referencia para el resto de los contenidos del libro, por lo que animamos a los lectores a regresar a este tantas veces sea necesario para poder beneficiarse al máximo de este manual.

2.1. La historia de FAP.

La historia en curso del desarrollo de FAP data de más de 25 años de investigación y ha sido descrito anteriormente en otras publicaciones (ver Kohlenberg, Tsai y Kanter, 2009). En el presente trabajo especificaremos los aspectos principales que ayudan a resaltar sus aportaciones únicas al entendimiento de la relación terapéutica.

De acuerdo con Tsai, Kohlenberg, Kanter, Holman y Plumm (2012), FAP se desarrolló en tres etapas. La primera tiene lugar a finales de los años ochenta durante los cuales Robert Kohlenberg trabajaba en la Universidad de Washington como investigador y supervisor clínico cognitivo conductual. Durante ese tiempo reconoció que algunos terapeutas en formación tenían un impacto "excepcionalmente bueno" en su trabajo clínico, esto se refiere a que algunos de los consultantes que recibían intervenciones cognitivo conductuales estructuradas reportaban beneficios mayores a los esperados por el tratamiento, reducción sintomática o remisión del trastorno. En una segunda etapa, se observó que estos resultados parecían ocurrir solamente de vez en cuando y eran más frecuentes en unos terapeutas que en otros, independientemente de las características de los consultantes y sin que terapeuta o consultante pudieran explicar las razones de su ocurrencia. Como tercera etapa, se realizaron entrevistas y análisis de las interacciones de los terapeutas excepcionalmente buenos con sus consultantes para identificar los factores causales de estos resultados y se encontraron dos: un involucramiento personal intenso entre ambas partes, e intercambios frecuentes y centrados en el momento presente sobre el impacto que estas partes tenían entre sí. Al final, Kohlenberg y Tsai (1991) buscaron en el conductismo radical una forma de entender estas interacciones y así, utilizaron sus principios para desarrollar una terminología y teoría específica que resultara en procedimientos que pudieran ser enseñados de forma precisa a otras personas, a este procedimiento le llamaron FAP.

FAP se basa en el supuesto de que la única forma en que el terapeuta ayuda al cliente es a partir de las funciones de su conducta dentro de la sesión terapéutica y, por lo tanto, que esta representa un buen lugar para observar los impactos mismos del tratamiento.

2.2. Los dos escenarios de la terapia.

En el capítulo anterior, mencionamos que la FAP tiene dos escenarios. Fuera de la sesión terapéutica, el ambiente natural del consultante donde se espera que cambie su comportamiento para poder lograr las metas que se ha propuesto para su vida; y dentro de la sesión terapéutica que es el único escenario donde el terapeuta puede influir directamente en la conducta del consultante, porque es el único escenario en el que puede actuar de manera directa con el consultante (Törneke, 2010).

En la FAP, el terapeuta está particularmente interesado en la forma en que su conducta influye en la del consultante, es decir, las funciones que tiene su comportamiento respecto al del consultante (Tsai, Kohlenberg, Kanter, Kohlenberg, Follette & Callaghan, 2009). Mencionaremos tres funciones básicas: Elicitar conductas respondientes, evocar conductas operantes y administrar consecuencias.

2.2.1 El terapeuta elicita conductas respondientes.

Las respuestas verbales y no verbales del terapeuta pueden funcionar para elicitar *comportamientos respondientes*, condicionados clásicamente. Estas respuestas se sienten automáticas e involuntarias y frecuentemente son descritas como "emocionales". Por ejemplo, supongamos que el terapeuta menciona al consultante que saldrá de vacaciones durante dos semanas y este aviso precipita sentimientos de tristeza y abandono en su consultante, la cual es una respuesta involuntaria y está relacionada con pérdidas anteriores en su vida.

El entendimiento de estas funciones es relevante para el terapeuta porque le sensibiliza a las funciones que ciertas palabras y gestos pueden tener en el consultante, de esta forma está en mejor posición para identificar las acciones que pueden funcionar como refuerzo de las conductas deseadas del consultante. Por ejemplo, el sostener la mirada y expresar pena por el dolor del consultante puede hacer que éste se sienta comprendido y acompañado por el terapeuta en cuyo caso, éstas reacciones funcionarían como un reforzador (S^{CR+}) y promoverían la futura expresión de sus necesidades; o bien pueden hacerle sentir vergüenza y enojo, funcionando como un castigo (S^{CC+}) y provocando que el consultante inhiba sus sentimientos y necesidades tratando de aparentar fortaleza.

2.2.2 El terapeuta evoca conductas operantes.

El comportamiento verbal y no verbal del terapeuta puede funcionar como un estímulo discriminativo (S^D) que evoca operantes en el consultante. Como se mencionó en el capítulo anterior, la mayoría de las conductas relevantes en psicoterapia son operantes y funcionan para evitar/escapar de una condición aversiva o para aproximarse a una condición apetitiva. Las *operantes* normalmente son vividas como voluntarias y por lo tanto bajo mayor control que las respondientes, son el principal blanco de intervención en FAP porque son las que tienen mayor poder para cambiar la forma en que nos relacionamos con nuestro entorno, nuestros valores y las personas que nos importan. La consciencia de las funciones discriminativas del terapeuta facilitará su capacidad de evocar conductas deseadas en el consultante.

Continuando con el ejemplo anterior, tras notar que el consultante se ha cruzado de brazos, fruncido el ceño y dejado de hablar con el terapeuta, éste se ve en la necesidad de evocar una conducta operante de aproximación interpersonal y elige hacerlo diciendo "me doy cuenta que mi respuesta fue inapropiada, ¿puedes decirme lo que estás sintiendo para poder entender mejor qué fue lo que hice?"; de esta manera, el terapeuta está intentando que el consultante le exprese su sentir.

2.2.3 El terapeuta como consecuencia de la conducta operante.

Todas las personas administramos consecuencias al comportamiento de los demás, sea que lo notemos o no (ver figura 2.1). El proceso de reforzamiento en la FAP es explícito y estratégico, su objetivo básico es fortalecer las clases funcionales de respuesta que ayudan al consultante a lograr sus metas vitales, siendo la principal fortaleza de FAP el desarrollo de relaciones interpersonales más intensas, significativas e íntimas.

Por ejemplo, digamos que el consultante de nuestro ejemplo expresa su frustración ante el terapeuta diciéndole "odio que las personas se muestren condescendientes conmigo, no soy una niña" y este es un ejemplo de una respuesta deseada porque facilita la comunicación con otras personas, por lo menos lo hace más que guardar silencio, el terapeuta podría elegir reforzar este comportamiento mirándolo atentamente y diciéndole "no tenía idea de que decir esto podía hacerte sentir tan mal, por favor hazme saber cuándo te haga sentir de esa forma y yo por mi parte trataré de no parecer condescendiente".

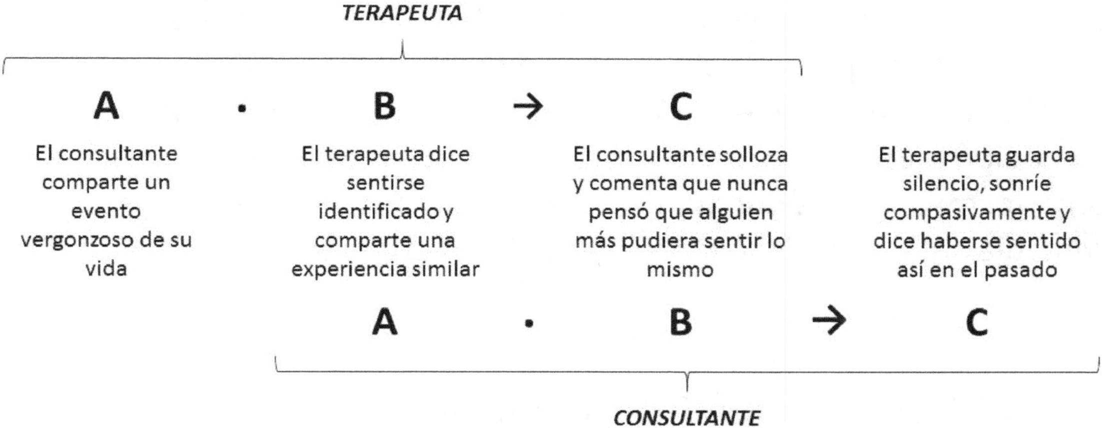

Figura 2.1. Administración mutua de contingencias.

En resumen, el terapeuta mismo y las condiciones inherentes de la terapia funcionan como antecedentes y consecuencias que, si se usan estratégicamente, sirven para desarrollar repertorios funcionalmente útiles en la vida del consultante. FAP tiene una serie de términos para referirse al tipo de respuestas deseadas e indeseadas tanto de los consultantes como de los terapeutas, que ocurren dentro y fuera de la sesión de psicoterapia. Empezaremos describiendo las conductas clínicamente relevantes del consultante.

2.3. Conducta Clínicamente Relevante (CCR).

Las *Conductas Clínicamente Relevantes* (CCRs), son ejemplos de comportamientos problemáticos o deseables, acorde a los objetivos del consultante, que ocurren dentro de la sesión terapéutica. Se llaman clínicamente relevantes porque son las mismas conductas que traen al consultante a psicoterapia y están directamente relacionadas con la consecución de sus objetivos (Tsai, Kohlenberg, Kanter, Holman & Plummer Loudon, 2012).

Aunque a veces la semejanza topográfica ente los comportamientos relevantes fuera y dentro de la psicoterapia es obvia, en muchas ocasiones no lo es, y el terapeuta FAP debe identificar *CCR funcionalmente equivalentes* a las clases de respuesta que el consultante requiere incrementar o disminuir en su vida diaria y, por lo tanto, pueden ser conceptualizadas como acciones de evitación o aproximación que no necesariamente se ven de la misma forma que las conductas que el consultante presenta en su vida diaria. En la FAP existen 3 tipos de CCR:

2.3.1 Conductas Clínicamente Relevantes Tipo 1 (CCR1).

Son conductas problemáticas que ocurren dentro de la sesión terapéutica, sus antecedentes (S^D) son algún comportamiento del terapeuta o situación que ocurre durante ese tiempo, son más frecuentes en situaciones estresantes (Operación de Establecimiento Aversiva), su función primordial es la evitación o el escape de una situación aversiva, vulnerabilidad, por ejemplo, y normalmente son el foco inicial de atención en la interacción terapéutica. Son excesos conductuales (Kanfer & Saslow, 1969), porque su presencia obstaculiza el logro de objetivos del consultante, en otras palabras, están de más para lograr sus metas.

Sí, por ejemplo, después de que el terapeuta pregunta al consultante por la forma en que éste podría modificar su comportamiento para resolver un problema en concreto, éste responde diciéndole al terapeuta que se siente muy agobiado por tener que resolver esto por su cuenta y que se encuentra en blanco (CCR1), si bien esta conducta podría tener como consecuencia el alivio de su angustia mediante la ayuda por parte del terapeuta o la protección de sus otros significativos (S^{CR-}), a largo plazo le alejarían de la posibilidad de construir relaciones horizontales y de respeto mutuo.

Si bien las CCRs deben definirse funcionalmente acorde a los objetivos del consultante, podríamos decir que cualquier comportamiento que dificulte la consciencia de la interacción terapéutica y las experiencias que se elicitan dentro de ella, las muestras de retraimiento que impiden arriesgarse a conectarse emocionalmente con otras personas, y la invalidación hacia el otro o uno mismo representan una CCR1. En el capítulo 3 explicaremos en detalle los conceptos de "Intimidad" y "Consciencia, Valor y Amor" como blancos terapéuticos de la FAP y las CCR1 que pueden identificarse a partir de este modelo.

2.3.2 Conductas Clínicamente Relevantes Tipo 2 (CCR 2).

Son conductas deseables que ocurren durante la sesión terapéutica, tienen como antecedentes (S^D) el comportamiento del terapeuta o una situación que se sucede dentro de ese espacio, son más frecuentes en situaciones motivacionales (Operación de Establecimiento), su función primordial es la aproximación o acercamiento a algo deseable (apetitivo), como la intimidad y conexión interpersonal. Son déficits conductuales, porque usualmente no están en el repertorio del consultante o bien, no se presentan con la suficiente frecuencia, intensidad o duración y, por lo tanto, dificultan el logro de metas.

En el ejemplo anterior, supongamos que el consultante propone en cambio una solución. Esta solución podría reforzarse con una muestra de respeto por parte del terapeuta y de generalizarse en el ambiente natural, podría ayudar al consultante a volverse más independiente y a tener relaciones interpersonales donde sea más respetado y se sienta igual a las demás personas.

Prácticamente, cualquier conducta que implique consciencia de lo que ocurre en la interacción, una muestra de valentía para arriesgarse a mostrar mayor consideración y amor hacia los demás o uno mismo puede considerarse una CCR2 y reforzarse con una muestra de conexión por parte del terapeuta.

2.3.3 Conductas Clínicamente Relevantes Tipo 3 (CCR3).

Son verbalizaciones del consultante que describen las condiciones que dan lugar a las CCRs, y pueden ser de dos tipos: CCR-1 y CCR3-2.

2.3.3.1 Conductas Clínicamente Relevantes Tipo 3 Problemáticas (CCR3-1).

Son verbalizaciones que señalan relaciones causales entre un atributo personal y el comportamiento que se presenta dentro o fuera de la sesión, pueden funcionar de dos formas básicas: a) como tactos que comunican el sentir del consultante y describen reglas que controlan la CCR1 a la que se refieren o; b) como mandos que funcionan para escapar de una situación aversiva, al inhibir un comportamiento del terapeuta y provocarle otro alternativo. Las contingencias que controlan estas verbalizaciones y las razones por las que son indeseables son las mismas que describimos para las CCR1.

Un ejemplo de regla podría ser que el consultante expresara "no puedo conversar con las personas porque soy tímido" después de que el terapeuta le ha preguntado si habló con la arrendadora de su departamento para informarle de un cobro extra injustificado. La regla implica que un atributo personal como la timidez es causa del retraimiento y resulta problemática porque gobierna comportamientos orientados a la resolución o evitación de la timidez más que a la socialización; estos comportamientos implican una falta de consciencia de la forma en que su retraimiento alimenta su percepción de timidez, una indisposición para correr el riesgo de acercarse a los otros y un descuido de sus anhelos.

Como ejemplo de mando, considere la posibilidad de que la frase "no puedo conversar con las personas porque soy tímido", ha funcionado en el pasado para que las demás personas inicien una discusión sobre la timidez y así, refuerzan la verbalización dejando de insistir en que el consultante socialice. En este caso, identificamos una CCR3-1 por las mismas razones expuestas en el párrafo anterior y porque implican una desatención hacia las muestras de apoyo de la otra persona.

2.3.3.2 Conductas Clínicamente Relevantes Tipo 3 Deseables (CCR3-2).

Son enunciaciones que describen los antecedentes y/o consecuencias que dan lugar al comportamiento que ocurrió dentro o fuera de la sesión, funcionan como tactos y están bajo el mismo control de contingencias que las CCR2 Por ejemplo, "evito expresar conflictos porque me desagrada sentir que presiono a las demás personas".

2.4. Conductas relevantes que ocurren fuera de la sesión terapéutica (OR)

Las *Conductas Clínicamente Relevantes que ocurren fuera de la sesión* (ORs), son las acciones problemáticas o deseables que al consultante le interesa cambiar al acudir a psicoterapia. Son funcionalmente equivalentes a las clases de respuesta de las CCR y por lo tanto, también pueden ser conceptualizadas como acciones de evitación o aproximación. Existen 2 tipos de OR cuyas características corresponden con las CCR.

2.4.1 Conductas relevantes de ocurrencia fuera de la sesión tipo 1 (OR1).

Son conductas problemáticas que ocurren fuera de la sesión terapéutica, sus antecedentes (S^D) son situaciones que ocurren de manera natural en su entorno, su frecuencia es mayor en situaciones estresantes (OEA), y su función primordial es la evitación o el escape de alguna situación o experiencia aversiva. Son excesos conductuales bajo control aversivo, en la literatura clínica conductual son descritas frecuentemente como conductas blanco. Un ejemplo podría ser que la persona se muestra agitada y levanta la voz cuando es cuestionada por los demás, esta acción funciona para escapar del cuestionamiento, pero termina alejando emocionalmente a las demás personas y haciendo que la persona se sienta sola e incomprendida.

2.4.2 Conductas relevantes de ocurrencia fuera de la sesión tipo 2 (OR2).

Son conductas deseables que ocurren fuera de la sesión terapéutica, tienen como antecedentes (S^D) situaciones cotidianas, normalmente ocurren en situaciones motivacionales (OEM), y su función primordial es la obtención de consecuencias apetitivas, se presentan en deficiente duración, intensidad o frecuencia. En la literatura clínica conductual son descritas frecuentemente como conductas meta. En el ejemplo anterior, escuchar, validar y expresar las propias razones para después buscar soluciones puede ayudar a resolver conflictos y sentirse más cercano emocionalmente con otras personas.

2.5. Conducta del Terapeuta (TR).

La *conducta del terapeuta* (TR) que nos interesa identificar en FAP, es cualquiera de sus comportamientos que tengan un impacto en el tratamiento del consultante, influyendo en sus CCR y OR. No se refiere exclusivamente a su comportamiento dentro de la sesión dado que acciones como preparar las sesiones terapéuticas con antelación o cuidar la calidad de su sueño ocurren fuera de esta, pero impactan en la eficacia del tratamiento.

Existen dos tipos de conductas clínicamente relevantes del terapeuta que ocurren dentro de la sesión, TR1 y TR2. El comportamiento del terapeuta que ocurre fuera de la sesión e impacta indirectamente en su trabajo clínico también es relevante y se le llama TRI1 y TRI2 para diferenciar.

2.5.1 Conductas del Terapeuta tipo 1 (TR1).

Son acciones problemáticas porque estimulan (S^D) y refuerzan (S^{CR}) CCR1 y CCR3-1, promueven (Operaciones Establecimiento Motivacionales) la ocurrencia de O1, o bien representan fallas en el esfuerzo de provocar o reforzar CCR2 y CCR3-2. Son conductas bajo control aversivo definidas funcionalmente cuya topografía puede variar dependiendo el caso. Se presentan más frecuentemente en situaciones aversivas (OEA), cumplen una función de evitación experiencial y van en contra de sus valores como terapeuta. Como podrá anticipar, cualquier comportamiento del terapeuta que implique la pérdida de consciencia, valor y amor hacia el consultante implica una TR1. Una conducta que interfiere indirectamente con su trabajo clínico, como no tratarse una enfermedad representa una TRI1.

Por ejemplo, supongamos que el terapeuta evita preguntar sobre la vida sexual de un consultante que acude a consulta preocupado porque su relación de pareja parece volverse cada vez más lejana. Aunque la evitación de estos temas puede ayudar a que el terapeuta se sienta menos ansioso en sesión, impide que comprenda a profundidad el problema de su consultante y sea de mayor ayuda.

2.5.2 Conductas del Terapeuta tipo 2 (TR2).

Son sus comportamientos deseables, están motivados por la consciencia de sus valores como terapeuta, y básicamente funcionan para provocar (S^D) y reforzar (S^{CR}) CCR2 y CCR3-2, así como para motivar (Operación de Establecimiento Motivacional) la ocurrencia de O2. Se definen funcionalmente y por lo tanto su topografía puede variar de terapeuta a terapeuta. Podría decirse que el correcto seguimiento de las 5 reglas de FAP (descritas a continuación) representa las TR2 básicas del terapeuta. Cuidar la higiene de sueño, dedicar tiempo a resolver los propios problemas personales, expresar dudas al consultante sobre la eficacia de una intervención o una sesión en particular son ejemplos de TRI2s.

2.6. Las 5 Reglas de FAP.

La práctica de FAP implica el implementar 5 reglas respecto a las CCR. Estas dirigen el comportamiento del terapeuta para facilitar el cambio del consultante y, por lo tanto, resultan en una experiencia reforzante para el terapeuta. Asimismo, le ayudan a sacar ventaja de las oportunidades terapéuticas que de otra forma, sin contar con estas reglas, podrían pasar desapercibidas (Tsai, Kohlenberg, Kanter & Waltz, 2009b). Estas reglas se describen de forma lineal con fines didácticos, aunque en la práctica se aplican de manera simultánea o en un orden diferente dependiendo del flujo de la interacción con el consultante.

2.6.1 Regla 1: Estar atento a las CCRs (estar consciente).

Esta es la regla principal en FAP, su implementación resulta en un mayor involucramiento del terapeuta y al desarrollo de una relación terapéutica más intensa y de mayor orientación interpersonal (Tsai et.al. 2012). De esta regla depende que el terapeuta pueda responder terapéuticamente a las CCRs.

2.6.2 Regla 2: Evocar CCRs (actuar valientemente).

La relación terapéutica es una relación real y auténtica entre dos seres humanos, con fortalezas y vulnerabilidades moldeadas por sus propias circunstancias e historias (Kohlenberg &

Tsai, 1991). FAP es especialmente sensible a la evocación de este tipo de relación por su énfasis en el desarrollo de la intimidad, la confianza, la autenticidad, la capacidad de dar y recibir amor, y por ende su propia naturaleza evocará CCRs de manera natural. Por ejemplo, una expresión de afecto del terapeuta, señalar una posible similitud entre el comportamiento del consultante con otro significativo y el terapeuta, o una expresión de tristeza tras una decepción del consultante, pueden evocar CCRs fácilmente.

Por otra parte, la naturaleza misma de los problemas del consultante puede dar lugar a su fácil evocación, esto es usual en problemas como la depresión, ansiedad, trastornos de personalidad, etc. En estas condiciones, casi cualquier elemento de la terapia es capaz de ser evocativo, por ejemplo: un consultante con problemas de ansiedad podría sentirse desprotegido al terminar la sesión de terapia, un consultante con un trastorno de personalidad podría sentirse celoso al ver que el terapeuta tiene otros consultantes aparte de él, etc.

Finalmente, el terapeuta FAP debe considerar que el diseño mismo de la psicoterapia provee de situaciones que pueden evocar CCRs, como el tener que asistir a tiempo, tener que pagar por un servicio, hablar de sentimientos vergonzosos, la naturaleza finita de la terapia, etc.

Las circunstancias mencionadas anteriormente son ejemplos de *evocación natural de CCRs*, reconocerlas (Regla 1) e intervenir espontánea y oportunamente (Regla 3) conforme se suceden en la interacción natural es el corazón de la FAP. Estos momentos de evocación natural deben distinguirse de una evocación espontánea, una evocación espontánea es deliberada pero la oportunidad de realizarla surge espontáneamente. Suponga que un consultante con un problema de depresión afirma sentirse desesperanzado y el terapeuta le pide comentarle las razones por las que sigue adelante, aunque se sienta así, en este ejemplo, la oportunidad de evocar la CCR2 se presentó de manera espontánea, pero la petición del terapeuta fue deliberada. Por otro lado, el terapeuta FAP también puede hacer uso de *ejercicios evocativos* para evocar deliberadamente CCRs, estos ejercicios son especialmente útiles para evocar las CCR cuando la sesión de terapia no está evocando las CCRs deseadas espontáneamente. Estos ejercicios se revisarán a mayor detalle en el capítulo 6.

La cualidad evocativa de la FAP comienza a inicios de la terapia donde el terapeuta comunica al consultante que considera el contexto terapéutico un "espacio sagrado" (ver capítulo 4), donde se permite la expresión de los anhelos más profundos, dolores más arraigados y vivencias más vergonzosas con total confidencialidad, comprensión y cuidado. Un segundo momento importante es la presentación de la lógica de la terapia, un momento llamado FAP RAP (ver capítulo 4) que consiste en la explicación de las CCRs como equivalentes funcionales de las ORs, la ocurrencia de TRs y la manera en que éstas últimas pretenden utilizarse como vehículos para el cambio terapéutico. La creación de un espacio sagrado y la presentación del FAP RAP podrían considerarse ejercicios evocativos en sí mismos, que representan "actos valientes por parte del terapeuta".

2.6.3 Regla 3: Reforzar naturalmente las CCR2s (dar amor).

Para la FAP, el reforzamiento natural es el principal mecanismo de cambio. El reforzamiento de la CCR2 no quiere decir que el terapeuta esperará a que la conducta final deseada por el consultante se presente para reforzar, sino que el terapeuta deberá estar atento (Regla 1) a cualquier aproximación hacia la dirección deseada para reforzarla. Así, por ejemplo, si se quiere reforzar la conducta de expresar afecto verbalmente a otras personas, se podría reforzar aproximasiones como tocar gentilmente el hombro del terapeuta al despedirse o mirarlo fijamente al decirle gracias. Recordará que el reforzamiento es un proceso y que las conductas deseadas en la terapia normalmente deben *moldearse*, es decir que se refuerzan aproximaciones sucesivas hacia ellas hasta que el consultante presente la conducta deseada en las situaciones deseadas y es reforzada de manera natural.

Ahora bien, recordará que en el capítulo 1 se mencionó que los reforzadores arbitrarios tienen poca posibilidad de presentarse en el ambiente natural y por lo tanto son de poca utilidad si se espera que la O2 se mantenga o generalice en ese contexto, otro problema relacionado con la administración de reforzadores arbitrarios es que estos pudieran ser vividos como una manipulación y dañar la relación terapéutica.

Otro problema relacionado con la administración del refuerzo interpersonal arbitrario es que tiene la posibilidad de desarrollar *reglas tipo pliance* (Törneke, 2010), donde el reforzador especificado por la regla se refiere a la aprobación de otras personas pro el simple hecho de seguir la regla, por ejemplo "expresarse de manera asertiva" porque el terapeuta lo sugirió, y seguir dicha regla porque resulta en su aprobación. Estas reglas se consideran problemáticas porque hacen a la persona vulnerable a la subyugación y difícilmente cumplen lo que prometen. Vale la pena aclarar que la experiencia de intimidad que buscamos desarrollar en la FAP requiere forzosamente una condición de equidad entre las partes que se vinculan, nunca de subordinación u obediencia.

Ejemplos de reforzadores arbitrarios son frases como "muy bien", "eso me encanta", "eso en un gran progreso", etc. Por su parte, los reforzadores naturales en la FAP se presentan como muestras genuinas de aprecio o validación, auto-revelaciones o cumplimientos de acuerdos. En el capítulo 07 describiremos algunos métodos básicos de reforzamiento natural que usamos con frecuencia en nuestra práctica clínica, entrenamientos y protocolos de investigación.

Como habrá supuesto, saber responder o *bloquear* las CCR1 también es muy importante, la mejor forma de hacerlo es ignorarlas para evitar reforzarlas accidentalmente, aunque también existen otras opciones como ayudar al consultante a tactarlas o tratar de rescatar la CCR2 oculta dentro de la CCR1, en el capítulo 6 daremos más información al respecto.

2.6.4 Regla 4: Verificar el efecto reforzador (ser consiente del propio impacto).

Ésta regla implica prestar atención al cambio de las CCRs y la relación de esos cambios con la respuesta contingente del terapeuta. Existen dos formas básicas de evaluar dicho efecto: observar un incremento en la frecuencia o intensidad de las CCR2s o un decremento en las mismas dimensiones de las CCR1; y preguntar al consultante directamente por el efecto que el comportamiento del terapeuta (de la Regla 3), por ejemplo "¿qué impacto tuvo en ti lo que acabo de decirte?", "¿Qué tan motivado te sientes a intentar hacer esto de nuevo después de notar la reacción que tuve?", "¿Cómo te sientes con lo que acabo de decirte?", etc. Al realizar estas preguntas se debe cuidar de no interferir con la experiencia emocional e interrumpir el efecto reforzador de la respuesta previa (Tsai et al. 2012).

Una última consideración al aplicar la Regla 4 es estar atento a cambios en los dos escenarios de la terapia, y en niveles micro y macro. Por ejemplo, el terapeuta notará que el consultante es más responsivo a sus expresiones emocionales sutiles (CCR2) y a las de las personas que le importan en su vida diaria (O2). Los cambios en las O2s solamente pueden identificarse preguntando directamente al consultante, "¿esta comprensión que me muestras, la has notado con otras personas?", ¿"me pregunto si te estarás atreviendo a sintonizarte más con las necesidades de otras personas también?, etc.

El cambio a micro y macro-nivel se refiere a que el consultante no solo muestra un cambio en las CCR2s reforzadas, micro-nivel, sino que su repertorio conductual evidencia una orientación general de aproximación hacia sus metas, macro-nivel. Supongamos que el terapeuta ha reforzado (Regla 3) de diversas maneras la expresión de opiniones del consultante (CCR2 micro) y que este de manera espontánea está mostrándose más espontáneo, propositivo o incluso ha empezado a poner límites con el terapeuta y otras personas en su vida cotidiana (CCR2 macro).

2.6.5 Regla 5: Evocar CCR3-2 y desarrollar OR2 (interpretar y generalizar).

Existen dos formas de evocar las CCR3-2, la primera es que el terapeuta describa la forma en que el comportamiento del consultante fue efectivo para acercarse a sus metas, por ejemplo "he notado que cuando me hablas con frases más breves me es más sencillo entenderte", "mirarte enfadado me permite entender lo importante que esto es para ti". La segunda es preguntar al consultante por las consecuencias de su comportamiento, "¿notas alguna diferencia en mi comprensión cuando me hablas más pausado?", "¿qué tal te resultó el dejarme ver tu enfado?". Al igual que con la regla 4, es importante cuidar que estas preguntas no interrumpan la intensidad emocional de la sesión, de hecho, resulta útil realizarlas después de que se ha terminado una interacción terapéutica intensa.

El éxito de la terapia depende de las O2s pues son ellas el objetivo de la terapia en última instancia. También hay dos estrategias de generalización de CCR2, o de generación de O2 si así lo prefiere. La primera implica señalar o preguntar por *paralelos*, o similitudes, entre las situaciones que se suceden dentro y fuera de la sesión de terapia, por ejemplo "creo que mostrarme tu enfado es justo lo que has querido hacer con tu familia cuando toman decisiones por ti", "¿es éste el tipo de entendimiento que pretendes lograr con tu esposa?", "¿a quién vale más la pena mostrarle tu enfado?" o "¿con quién más sería importante lograr comprensión?". La segunda es la asignación de tareas que impliquen el intento deliberado de involucrarse en O2 con sus otros significativos en el ambiente natural para probar sus efectos, en el capítulo 7 haremos algunas sugerencias que pueden ayudarle en el desarrollo de tareas efectivas y describiremos las tareas más utilizadas en la FAP hasta la fecha.

2.7. La interacción terapéutica lógica de la FAP.

La aplicación de las 5 reglas puede verse muy diferente de momento a momento, esto se debe a que su aplicación debe ser flexible y orientarse funcionalmente, en otras palabras, "ser estratégica". La interacción lógica que describiremos a continuación nos ha resultado útil para ilustrar la interacción de las 5 reglas en entrenamientos y protocolos de investigación, y está basada en una interacción descrita anteriormente en Tsai y cols. (2012). Esperamos que pueda ayudarle a integrar la información anteriormente descrita y a imaginar formas en las cuales podría aplicar éstas cinco reglas con sus consultantes.

En primer lugar, asumimos que se han cumplido cuatro pre-requisitos básicos: a) se ha creado un espacio sagrado; b) se ha presentado el FAP-RAP y el consultante ha accedido a participar del tratamiento; c) existe una buena y sólida relación terapéutica; d) se ha realizado una adecuada formulación de caso, lo que implica que el consultante y terapeuta hayan definido las CCRs, ORs y TRs (capítulo 5). Una vez que se han cumplido estos requisitos, la interacción lógica ocurre de la manera descrita a continuación.

Para ejemplificar esta interacción lógica, mostramos un ejemplo de una consultante cuyo motivo para buscar psicoterapia era su dificultad para "entenderse con las demás personas". Después de la conceptualización de caso, se identificaron como CCR1s y OR1s su dificultad para identificar y expresar sus sentimientos, mientras que las CCR2s y OR2s identificadas fueron el expresar sentimientos y hacer peticiones.

2.7.1 El terapeuta identifica y señala un paralelo (Regla 1 y 5).

Terapeuta: Este sentimiento de incomprensión, ¿se te ha presentado o lo estás experimentando conmigo en este momento? - *El terapeuta busca un paralelo (Regla 5).*

Consultante: Me siento así todo el tiempo y con quien sea.
- *El terapeuta escucha atentamente en búsqueda de CCRs (Regla 1)*

Terapeuta: Mmmm... también conmigo.

2.7.2 El terapeuta evoca CCR2 y está atento a la aparición de otras CCRs (Reglas 2 y 1).

Terapeuta: ¿Me puedes ayudar a entender lo que estás sintiendo en este momento? - *El terapeuta trata de evocar una CCR2, que el consultante le explique sus sentimientos para comprenderlo (Regla 2).*

Consultante: No sé, siento raro eso es todo. – *El terapeuta escucha atento tratando de encontrar CCRs, en este caso conceptualiza la respuesta como una CCR1 porque el consultante no está respondiendo de una forma que ayude al terapeuta a comprenderlo (Regla 1).*

2.7.3 Bloquear CCR1, evocar CCR2 y reforzar CCR3 (Reglas 2 y 3).

Terapeuta: ¿Cómo se siente esa rareza? - *Bloquea la CCR1 ignorándola y evoca la CCR2 preguntando de otra manera (Regla 2).*

Consultante: Como si yo fuera muy pequeñita y tú muy grande, y como si, no sé... como si no pudieras verme – *Se identifica una CCR2 (Regla 1).*

Terapeuta: ¿Como si yo fuera superior a ti y por eso no pudiera entenderte? – *El terapeuta clarifica y muestra estar comprendiendo al consultante (Regla 3).*

2.7.4 Seguir reforzando las CCR2 y verificar el efecto del reforzamiento (Reglas 3 y 4).

Consultante: Si, se siente horrible... - *Identifica que su muestra de comprensión ha dado lugar a otra CCR2 (Regla 4).*

Terapeuta: No me gusta hacerte sentir eso, cuando yo me siento así me es casi imposible creer que alguien pueda entenderme o darle importancia a lo que siento – *El terapeuta usa una auto-revelación para mostrar comprensión al consultante (Regla 3).*

Consultante: Si, eso es justo lo que siento. - *Se observa que la consultante sigue presentando CCR2s y se ha sentido comprendida (Regla 4).*

Terapeuta: Así que... creo que te entiendo – *Se verifica el efecto de su comportamiento (Regla 4).*

Consultante: Si... eres bueno (Sonriendo). – *Se ratifica el efecto reforzador al escuchar la respuesta (Regla 4).*

2.7.5 Evaluar el proceso y generalizarlo (Reglas 5 y 1).

Terapeuta: Creo que el que me hayas dicho un poco de lo que sientes me ha ayudado a identificarme contigo. ¿Tú qué crees que fue lo que te ayudo? – *El terapeuta trata de evocar una CCR3-2 con una interpretación y luego con una pregunta (Regla 5).*

Consultante: Que me escuchaste – *La consultante identifica una relación entre la respuesta del terapeuta y su comportamiento, pero no especifica la forma en la que el comportamiento facilitó esa consecuencia, por esta razón se vuelve a evocar la CCR3-2 (Regla 1).*

Terapeuta: Me ayudó que me dieras algo para escuchar – *El terapeuta usa la auto-revelación para que el consultante identifique mejor las contingencias (Regla 5).*

Consultante: Si pues, yo hablé – *Se identifica que el consultante está mostrando una CCR-2 (Regla 1).*

Terapeuta: ¿Hablas con tu esposo? – *Se señala un paralelo para tratar de identificar ORs (Regla 5).*

Consultante: Necesito hacerlo. – *La terapeuta nota que el consultante ha identificado una O2 (Regla 1).*

Terapeuta: Si hubiera algo que pudieras intentar distinto esta semana, ¿qué sería? – *El terapeuta pregunta para que el consultante describa O2 con las que pueda experimentar como tarea entre sesiones (Regla 5).*

La FAP es un procedimiento clínico, donde cada uno de sus elementos (por ejemplo la regla 3), tiene su propia táctica; por esa razón, la segunda mitad del libro tiene capítulos dedicados a cada una de las reglas y su método, de forma tal que al concluir la lectura de este manual usted pueda tener una idea mucho mejor de la forma en que puede crear interacciones terapéuticas intensas y curativas en sí mismas (como lo dice el título del primer libro de FAP escrito por Kohlenberg y Tsai, 1991) y así, maximizar el efecto de la relación terapéutica. No obstante, le invitamos a considerar que la FAP es una terapia basada en principios (Swales & Heard, 2009), no un protocolo de intervención o un conjunto de técnicas por lo que el entrenamiento experiencial y la supervisión son fundamentales para su correcta aplicación (Tsai, Callaghan, Kohlenberg, Follete & Darrow, 2009). Le animamos a considerar este manual como una guía a la que puede regresar cuantas veces lo necesite, pero que no es sustituta de la orientación personalizada.

La Figura 2.2, muestra gráficamente el proceso dinámico de la FAP. Los recuadros superiores ilustran la forma en que las OR1s se muestran como CCR1s dentro de la sesión. Mismas que se convierten en CCR2s que posteriormente se llevan al ambiente natural bajo la forma de OR2s. Los recuadros de la parte media de la figura ilustran la forma en que el seguimiento de las 5 reglas determina este cambio. Los cuadros inferiores muestran la manera en que las TRs del terapeuta median este proceso.

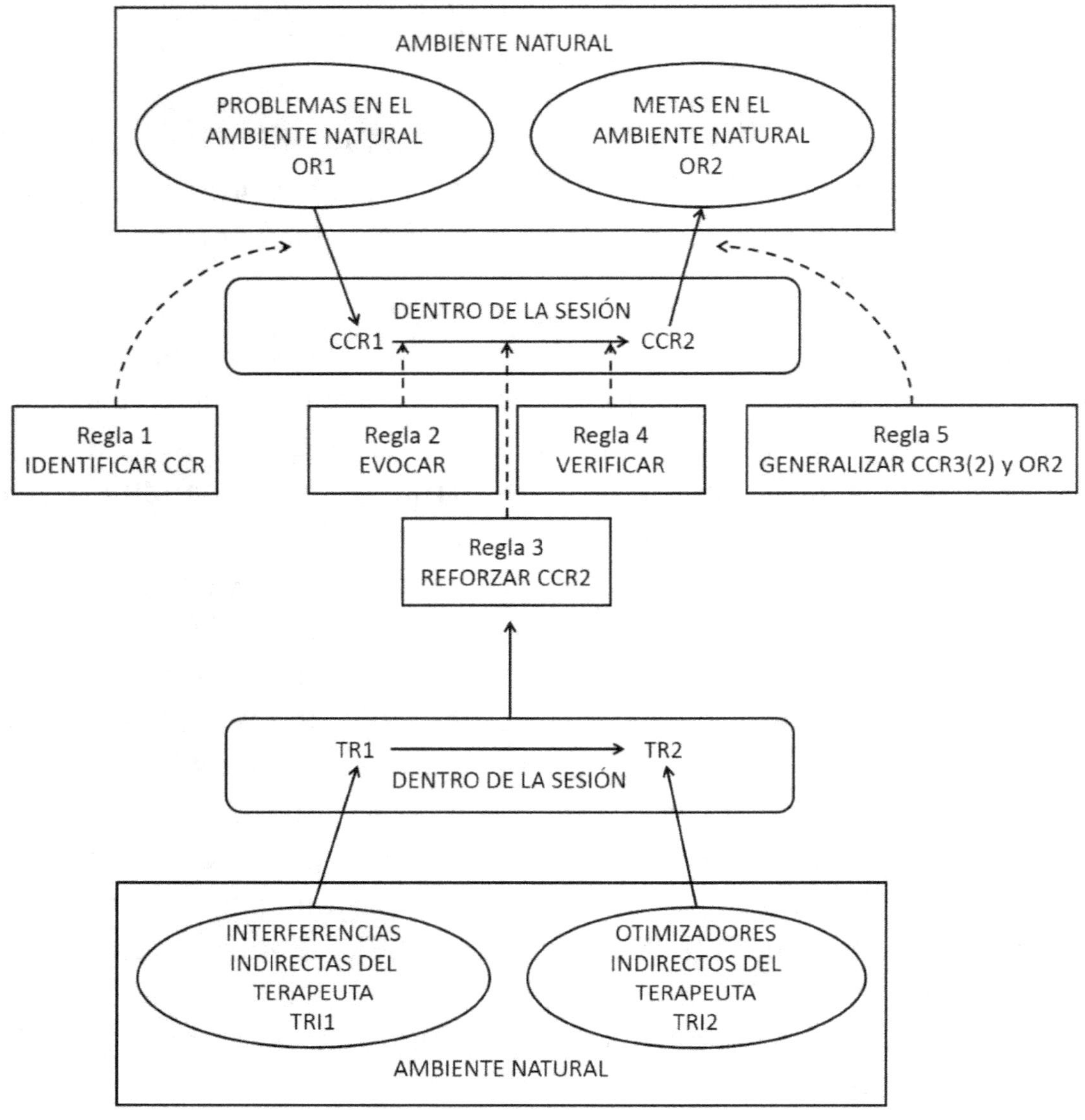

Figura 2.2 **El proceso dinámico de la FAP**

Anexo 2.1

Nomenclatura de conductas clínicamente relevantes

CCR1	Conductas que se desea disminuir, que ocurren en sesión
CCR2	Conductas que se desea aumentar, que ocurren en sesión
CCR3(1)	Interpretaciones ficticias del propio comportamiento
CCR3(2)	Interpretaciones funcionales del propio comportamiento
OR1	Conductas que se desea disminuir, en el ambiente natural
OR2	Conductas que se desea aumentar, en el ambiente natural
TR1	Conductas del terapeuta, que refuerzan CCR1, CCR3(1) y evocan OR1s. Ocurren dentro de la sesión.
TR2	Conductas del terapeuta, que refuerzan CCR1, CCR3(1) y evocan OR1s; o extinguen/castigan CCR2, CCR3(2) y OR2. Ocurren dentro de la sesión.
TRI1	Conductas del terapeuta, que evocan y refuerzan CCR2, CCR3(2) y evocan OR2s; o extinguen CCR1, CCR3(1) y OR1. Ocurren fuera de la sesión e impactan indirectamente en su trabajo clínico.
TRI2	Conductas del terapeuta, que refuerzan CCR2, CCR3(2) y evocan OR2s. Ocurren fuera de la sesión e impactan indirectamente en su trabajo clínico.

Capítulo 3:

Consciencia, valor y amor

Los términos "consciencia", "valor" y "amor" (ACL por sus siglas en inglés) de la FAP se usaron por primera vez en el libro "A Guide to Functional Analytic Psychotherapy" de Tsai et al (2009), desde entonces, se les ha utilizado para describir mecanismos o procesos terapéuticos de la FAP, tipos específicos de CCR, cualidades del terapeuta FAP efectivo y hasta como sinónimos de sus cinco reglas. El objetivo de este capítulo es describir estos términos desde dos aproximaciones: a) Como mecanismos relevantes al desarrollo de relaciones interpersonales significativas y, desde esta aproximación, tanto como posibles CCR2 a desarrollar cuando los problemas del consultante se relacionan con dificultades de naturaleza social como T2 a considerar para moldear y generalizar este repertorio en el ambiente natural del consultante; y b) Como procesos clínicos transdiagnósticos a contemplar como posibles CCR2 cuando sus problemas parecieran ser de naturaleza intrapersonal.

3.1. Un Modelo Funcional de la Conexión Social.

El comportamiento interpersonal ha recibido mucha atención en diversas disciplinas científicas, en las cuales se han empleado términos como apego, vínculo o intimidad para referirse a su efecto ideal cuando existen dos o más personas interesadas en crear una relación significativa. Consideremos como una relación significativa aquella en la que sus miembros son sensibles a sus necesidades y actúan para ayudarse mutuamente a satisfacerlas, tradicionalmente esperaríamos que esto ocurriera en relaciones de amistad, románticas, paterno-filiales de confianza, de solidaridad entre vecinos, etc.

En este libro utilizaremos el **término** *conexión social* para referirnos a este tipo de asociación interpersonal y que usualmente es tactada por los consultantes de tres formas:

a. *Conexión* puede hacer referencia al conjunto de cualidades que un individuo de forma particular desea para sus relaciones interpersonales (Kok et al., 2013), como en el caso de un consultante que expresaba *"deso sentirme más conectado con mis compañeros de trabajo"*. Si bien el término conexión puede ser universalmente utilizado, las características a las que se refiere varían de individuo a individuo, por ejemplo: una persona puede decir que está "conectada" cuando interpreta adecuadamente los sentimientos de las demás personas, otra puede sentirse "conectada" cuando llega a acuerdos que benefician los intereses de todas las partes involucradas, y otra puede usar el término para describir momentos donde logra hacer que sus objetivos se coordinen con los de otra persona.

b. *Estar conectado* puede referirse a un sentimiento elicitado en estas interacciones, como cuando se dice *"me siento conectado contigo en este momento"*, *"creo que estamos en sintonía"* o *"es como si lleváramos toda la vida de conocernos"*. Como puede apreciarse en los ejemplos mencionados, este sentimiento de conexión puede ser descrito de manera diferente por distintos individuos, es importante que el terapeuta pueda identificar este sentimiento y referirse a él desde el lenguaje del consultante.

c. *Sentir una* conexión también puede referirse a la experiencia de sentirse unido a otra persona de forma estable, duradera y en diversos contextos a pesar de la distancia o el tiempo que se pasa con ellas (p.ej., Kohut, 1984; Lee & Robbins, 1995; Rholes & Simpson, 2004).

Diferentes nombres que las personas usan para referirse a este sentimiento son *"sentirse cerca de"*, *"sentirse vinculado"*, *"ser parte de"*, entre otros.

Incrementar la conexión resulta importante desde una perspectiva sanitaria, por ejemplo, en un meta-análisis de Holt-Lunstad, Smith y Layton (2010) se identificó que la falta de conexión social era un predictor de mortalidad tan significativo como el tabaquismo, y que se encontraba por encima de la obesidad y el consumo excesivo de alcohol en los E.U.A. Por otra parte, parece que los seres humanos son una especie social propensa a desregularse severamente cuando las conexiones son escasas o nulas (Cacioppo & Patrick, 2008) como lo demuestran las investigaciones sobre los efectos de la conexión social en procesos biológicos primarios como el tono vagal, la salud cardiovascular y el funcionamiento inmune (p.ej., Cacioppo et al., 2008; Fredrikson, 2013). No es de extrañar, entonces, que la conexión social, o la falta de ella, se haya establecido como un predictor diagnóstico del trastorno y su severidad, como se entienden desde el sistema de clasificación tradicional del manual diagnóstico y estadístico de los trastornos mentales (DSM; Wetterneck & Hart, 2012). Por otra parte, el Instituto Nacional de Salud Mental (EUA; NIMH) ha identificado a la conexión social como un elemento central (p. ej. "los sistemas para los procesos sociales") desde el cual podrían basarse nuevos sistemas de clasificación de enfermedades mentales (Cuthbert & Kozak, 2013).

Este interés en la conexión social siempre ha sido fundamental en la FAP, tanto porque parece ser especialmente apropiada para "consultantes con dificultades para establecer relaciones íntimas y/o con problemas interpersonales generalizados y difusos" (Kohlenberg & Tsai, 1991), como porque la respuesta contingente del terapeuta al comportamiento del consultante es su principal mecanismo de acción en una interacción que típicamente involucra la divulgación de información personal, vulnerable e íntima de parte del consultante y, la escucha, validación y cuidado por parte del terapeuta. Este proceso básico entre el cliente y el terapeuta hace de la terapia un contexto relacional en el que la intimidad se puede desarrollar de forma natural y en el que los problemas relacionados con ella pueden observarse en vivo, de tal suerte que el funcionamiento interpersonal es un objetivo obvio del proceso terapéutico de la FAP.

Un proceso de conexión social similar al mencionado es descrito por Reis y Shaver (1988), quienes desarrollaron un modelo socio-cognitivo de la intimidad. De acuerdo al modelo, la intimidad se desarrolla cuando 1) dos personas concientes de sus motivaciones, necesidades, metas y temores se encuentran, 2) una de ellas se arriesga a revelar información personal de forma que se pone en una situación vulnerable y, 3) recibe empatía, validación y cuidado por parte de la otra persona; un elemento llamado "capacidad de respuesta". Según el modelo, la intimidad es posible si este proceso es recíproco entre ambos miembros de la diada. Córdoba y Scott (2001) proporcionaron una interpretación analítico conductual de este proceso definiendo al *"comportamiento interpersonal vulnerable en un contexto de consecuencias de castigo potenciales"* como el elemento clave para el desarrollo de la intimidad. Actualmente existen docenas de estudios en diversos contextos que han aportado evidencia empírica a este modelo (Aron, Melinat, Aron, Vallone, & Bator, 1997; Canevello & Crocker, 2010; Laurenceau, Barrett & Pietromonaco, 1998; Lemay & Clark, 2008; Manne, Badr, & Kashy, 2012; Manne, et al., 2004; Reis et al., 2010; Sprecher, Tregerr, Wondra, Hilaire, & Wallpe, 2013).

En el modelo ACL de la Conexión Social el **término** "consciencia" se traslapa con la noción de motivos, necesidades, metas y temores del modelo de Reis y Shaver (1988), el término "valor" con el de auto-revelación vulnerable y, el de "amor" con el papel de la capacidad de respuesta.

3.2. Consciencia, Valor y Amor (ACL).

Consciencia: Desde una perspectiva funcional y desde el modelo ACL de la Conexión Social, la *consciencia* es el acto de discriminar señales de refuerzo pertinentes para el comportamiento interpersonal de valor y amor. Una descripción formal de la consciencia puede ser estar despierto y vivaz a lo que ocurre en el momento presente, con uno mismo, la otra persona y respecto a la forma en que se influyen mutuamente. Una falta de consciencia es "actuar en piloto automático", "irreflexivamente" o "impulsivamente", bajo el control de la experiencia interna o de los estímulos que surgen durante la interacción sin discriminar las funciones de acercamiento o evitación del propio comportamiento.

Específicamente, deseamos que los consultantes sean concientes de: a) *uno mismo:* la consciencia de uno mismo incluye a los eventos privados (sensaciones, pensamientos, recuerdos, imágenes o impulsos) que surgen durante la interacción interpersonal, los elementos de la propia historia que nos hacen reaccionar al mundo de esa manera y a los propios valores y metas que se eligen como importantes durante la interacción; p.ej. "comunicarse claramente", "ser paciente con la otra persona", "llegar a un acuerdo", etc. b) *el otro:* lo que implica ser concientes de lo que la otra persona pudiera estar experimentando, su historia, así como de sus valores y objetivos; dicho de otra manera, tomar la perspectiva del otro (Vilardaga, 2009) y c) *la diada:* la forma en que los miembros de la interacción, sean dos o más, se influyen entre sí; desde una perspectiva funcional, esto es, ser concientes de las funciones discriminativas y de consecuencia del propio comportamiento respecto a la otra persona y viceversa. La consciencia es fundamental para poder ser empático y compasivo con el otro y con uno mismo.

La consciencia es la responsable de que una persona pueda "elegir" actuar para aproximarse a lo que le importa en presencia de estímulos públicos o privados aversivos y, por lo tanto, es una condición necesaria para que la persona pueda actuar con valor. Así, por ejemplo, una consultante que ha sufrido un abuso sexual puede sentir asco y el deseo de golpear a su pareja cuando le acaricia, si ella pudiera notar estas experiencias y al mismo tiempo valorar la relación afectuosa con su pareja e identificar sus necesidades, podría elegir otras formas de actuar que fueran más congruentes con sus objetivos. Asimismo, el acto de "ser consciente" le permitiría verificar si el efecto de su comportamiento efectivamente le acerca o le aleja de lo que ella y la otra persona quieren conseguir en ese momento.

Valor: Valor es sinónimo de correr riesgos interpersonales, es decir, presentar un comportamiento de aproximación durante una interacción social de función aversiva; p.ej. pedir tiempo a una persona para poder conocerla, siendo que en el pasado el comportamiento de "pedir tiempo" pueda haber sido castigado con indiferencia o regaños por parte de la familia o parejas potenciales. Como puede apreciarse en el ejemplo, el acto valiente en este modelo de conexión social es hacer algo importante durante una interacción social, ante la presencia de experiencias indeseadas (ansiedad, por ejemplo) elicitadas por la interacción misma y donde el refuerzo que se busca está mediado por la otra persona (u otras personas) involucrada en la interacción.

Una característica importante de los actos valientes es su cualidad estratégica, lo que implica que la consciencia y el acto valiente son parte de la misma cadena operante. Es decir, se debe tener consciencia del sí mismo, del otro y la interacción para poder discriminar los riesgos que permiten y tienen la probabilidad de obtener un refuerzo valioso.

Tres ejemplos típicos de acciones valientes evocadas dentro de las relaciones interpersonales son: a) experimentar vulnerabilidad; b) comunicar (tactar) lo que se siente, c) pedir (mando) lo que se necesita, sea cercanía, apoyo, respeto de límites, retroalimentación o pruebas de reconocimiento y afecto. El acto de sentirse vulnerable, en vez de negar, minimizar o evitar dicha sensación es fundamental para la comunicación; esta acción no implica un acto verbal necesariamente sino simplemente el permitir que la emoción experimentada se muestre corporalmente. Comunicar la experiencia es describir a los otros lo que se experimenta en ese momento, dicha auto-revelación, es fundamental para la conexión social y el desarrollo de relaciones íntimas (Baddeley & Singer, 2009; Brunell et al., 2010; English & John, 2013; Graham, Huang, Clark, & Helgeson, 2008; Reis et al. 2010). Pedir lo que se necesita implica acciones muy variadas, ya que esta amplia categoría incluye a necesidades específicas, como establecer límites, pedir y proporcionar cercanía, apoyo, retroalimentación o muestras de aprecio.

En una interacción terapéutica podemos encontrar incontables ejemplos de acciones valientes, imagine que el consultante pudiera estarse comportando de una forma vulnerable cuando llora, le tiembla la voz, su rostro enrojece, muestra entusiasmo, etc. de la misma manera, estaría comunicando sus sentimientos cuando le dice "me cuesta trabajo hablar de esto", "me enfada la situación", "no puedo con esta frustración", "estoy muy feliz", "es muy pronto para hablar de esto", etc. Por último, es importante reconocer situaciones donde el cliente pide algo específico de forma explícita "¿podemos cambiar el horario de la cita de la próxima semana?, ¿puedo sentarme en ese sillón?, ¿a qué hora comienza usted a atender su consulta?" o bien, cuando hace peticiones de forma implícita, "quedarse mirando la caja de pañuelos desechables", cuando le hace comentarios casuales como "creo que me será difícil llegar a tiempo la próxima sesión", pide tiempo para hablar sobre un tema "estoy desesperada sobre esto", etc. Le sugerimos, identificar ejemplos de estas acciones en su vida cotidiana y con sus consultantes para fortalecer su capacidad de discriminarlas y, al mismo tiempo, le animamos a recordar adoptar una perspectiva funcional para reconocer si estas acciones que "se ven valientes" en realidad lo son en términos de que implican correr un riesgo y sobre todo "si son acciones poco frecuentes y cuyo incremento favorecería la satisfacción de las metas interpersonales y de la persona"; dicho de otra manera, en un contexto terapéutico un acto es valiente si representa una CCR2 o una CCR3-2, y el terapeuta haría bien en discriminar (Regla 1) y evocar (Regla 2) estos comportamientos para poder reforzarlos de forma natural y contingente (Regla 3).

Amor: En la FAP, el amor es una acción que se presenta en respuesta al valor, así, responder con amor implica reforzar naturalmente al comportamiento valiente. La potencia de este refuerzo depende del grado en el cual la acción amorosa está sintonizada y responde al tono de la petición expresada a partir del acto valiente. El amor es en sí mismo un tacto (Barnes-Holmes,

Barnes-Holmes, & Cullinan, 2000; Skinner, 1957), cuyo ajuste es una función tanto del control del estímulo antecedente, en este caso la acción valiente, como del grado en que el refuerzo provisto está generalizado. Dicho en otras palabras, la respuesta de amor exitosa requiere empatía y toma de perspectiva (consciencia), de forma que se discrimine la naturaleza específica del acto valiente del otro y, se pueda proveer una consecuencia sensible que, a su vez, sea reforzada por cualquier indicativo de que se ha contribuido a mejorar la condición del otro. Desde una perspectiva funcional, podría decirse entonces que una relación de amor es aquella donde dos personas responden la una a la otra de una forma que se experimenta como mutuamente reforzante, siendo así que los miembros de la diada trabajan para producir buenos resultados para el otro, simplemente porque es reforzante hacerlo. Lo anterior es un ejemplo de la activación del sistema cerebral de recompensas que se ha mostrado en diversos estudios de neurociencias al observar la relación entre las acciones de amor descritas (Carter, 1998; Zeki, 2007).

En la FAP, la forma específica de la respuesta valiente y amorosa puede variar topográficamente dependiendo de los contextos y los individuos inmersos en ellos, no obstante, representar una relación funcional que puede observarse a través de múltiples ejemplos de conexión social. Con esto en mente, describimos los siguientes ejemplos para ilustrar algunas formas que las acciones de amor pudieran tener.

a) Proveer seguridad y aceptación: típicamente, proveer un nivel básico de seguridad, aceptación, validación y empatía a una persona que se siente vulnerable tiene un gran valor de reforzamiento, es decir que ambas respuestas están relacionadas funcionalmente para dar efecto a la conexión social. b) Auto-revelación recíproca: la pertinencia de la auto-revelación vulnerable (de forma que los dos individuos se unan en su vulnerabilidad) depende de la naturaleza de la relación interpersonal; no obstante, debe considerarse que esta auto-revelación recíproca es fundamental en relaciones íntimas no-terapéuticas y debe considerarse como una alternativa para reforzar una posible CCR2; esta respuesta es especialmente relevante cuando la CCR2 del consultante es el responder con amor hacia el terapeuta, de esta forma la auto-revelación del terapeuta sirve como retroalimentación al consultante. Por ejemplo, imagine que el terapeuta tiene la garganta reseca y el consultante le ofrece un dulce de miel, una forma de reforzar este acto puede ser tomarlo o decir al consultante algo como "gracias, notaste justo lo que necesitaba" si es que en verdad lo siente así. c) Dar al otro lo que necesita: cuando una persona hace una petición (implícita o explícita), la respuesta del otro debe ser muy específica y por lo tanto tener una gran variedad de topografías, p.ej. "estar cerca", "respetar límites", "disculparse", "prometer", "ayudar", "proveer de retroalimentación", o "expresar afecto". La ocurrencia de cualquier mando puede ser de una mayor relevancia para la conceptualización de caso e intervención en la FAP, de forma que una petición aparentemente extra-terapéutica puede en realidad ser una CCR. Por ejemplo, cuando un consultante pide agendar una cita adicional en una semana está emitiendo un mando que debe ser considerado una CCR2 (o CCR1 según el caso), y el terapeuta debe responder acorde a ello.

La tabla 3.1 muestra un ejemplo de la forma en que el repertorio de ACL puede mostrarse dentro y fuera de sesión.

Tabla 3.1
Ejemplos de conductas clínicamente relevantes y comportamientos relevantes fuera de la sesión.

	Ejemplos de CCR1 y O2	Ejemplos de CCR2 y O2
Consciencia	- Dificultades para identificar las necesidades propias o de los otros, o minimización de las mismas. - Dificultades para identificar el efecto del propio comportamiento sobre los demás o las situaciones y viceversa.	- Identificar pensamientos, sentimientos y valores propios y de los otros. - Identificar el impacto del propio comportamiento en la situación, los demás y viceversa.

Valor	- Inhibición emocional. - Retraimiento, subyugación y autosacrificio. - Pasividad. - Acciones de evitación, escape o seguridad. - Comportamiento compulsivo.	- Autorevelación de sentimientos y experiencias. - Expresar puntos de vista y necesidades. - Establecer límites. - Pedir apoyo o retroalimentación. - Atreverse a hacer cosas importantes.
Amor propio	- Malos hábitos alimenticios, de sueño o higiene. - Desorganización e indisciplina. - Rumiación autopunitiva. - Preocupación obsesiva.	- Actividades de autocuidado. - Auto-validación. - Auto-compasión: Detectar y frenar la rumiación, premiarse por obtener logros, etc. - Permitir muestras de afecto y recibir ayuda por parte de otros.
Amor compasivo	- Juzgar, criticar, rechazar a los otros. - Actitudes punitivas o severas. - Rechazo de la intimidad. - Inhibición de sentimientos positivos. - Justificarse. - Ignorar a los otros en momentos de necesidad.	- Mostrarse vulnerable ante la vulnerabilidad del otro. - Ser amable. - Reconfortar y proteger al otro. - Mostrar aprecio o afecto. - Disculparse. - Negociar. - Expresar entendimiento, validar. - Cumplir con lo que se promete. - Dar a otros lo que necesitan.

3.3. ACL como cadena operante.

El modelo ACL puede entenderse como una cadena operante interpersonal relevante para la conexión social que puede moldearse durante la relación terapéutica. En esta cadena, la consciencia implica prestar atención a ciertos estímulos durante la interacción social, de forma que estos se vuelven más relevantes para evocar conductas valientes y amorosas en situaciones donde la evitación era más probable. El valor, implica la disposición a sentirse vulnerable, expresarlo y aun así atreverse a hacer peticiones específicas y el amor, implica responder al valor del otro de una forma que funcione, idealmente, como un refuerzo natural para el comportamiento del otro y que al mismo tiempo sea reforzado por sus efectos positivos generalizados en el otro.

Así, si el terapeuta conceptualiza e interviene sobre estas clases funcionales de ACL como CCR2 contribuye a mejorar la conexión social, de forma que este proceso se fortalezca de manera tal que llegue el momento en el que la consciencia y el amor tengan tal fuerza que no haya necesidad de valor. En otras palabras, la situación ideal es que los miembros de la diada tengan una consciencia y respuesta amorosa tan exquisita que sus necesidades sean predichas, de forma que las respuestas de amor se presenten sin tener que solicitarlas (valor). Por supuesto que esto toma tiempo en desarrollarse, y lo hace después de múltiples ejemplos de la cadena interaccional anteriormente mencionada, lo que describe adecuadamente a las relaciones íntimas más gratificantes.

3.3.1 ACL para terapeutas de FAP.

Los términos ACL también se han utilizado en algún momento para describir el comportamiento del terapeuta de FAP. Tsai et al. (2009) utilizaron por primera vez estos términos como un complemento a las descripciones de las cinco reglas (Tabla 3.2), la idea era conectar la terminología de la FAP con términos de uso común, de forma que se pudiera comunicar al lector el tono emocional apropiado con que se implementan, para ilustrar esta idea, note las diferencias psicológicas y funcionales entre las siguientes instrucciones: a) observar CCRs, evocar CCRs y, reforzar naturalmente las CCRs (practicar las Reglas 1, 2, y 3) y b) estar conciente de lo que ocurre dentro de la sesión, tener el valor para evocar las CCRs, y mostrar afecto, validación o amor ante las CCR2. En otras palabras, podría considerarse que ACL describe las cualidades del comportamiento del terapeuta de FAP mientras le ayuda a tener presente el modelo de conexión social anteriormente descrito, sentando el tono para pensar en la psicoterapia como una relación horizontal entre seres humanos que luchan conjuntamente por dar un sentido: traer conexión a sus vidas.

Esta idea puede resultar bastante útil si se considera que la FAP utiliza un modelo de conexión social para moldear la conexión social, donde sus principios y reglas clarifican este proceso (Kanter et al. 2015). Considere el proceso dentro de la sesión desde una perspectiva operante (Figura 3.1), el proceso inicia con la consciencia del terapeuta respecto a sus TRs y las CCRs del consultante (Regla 1), la cual es funcionalmente equivalente a la que deseamos que el consultante muestre en sus relaciones interpersonales. Posteriormente, el terapeuta se muestra valiente al hacer un uso deliberado de estrategias evocativas de CCR (regla 2), p.ej. decir al consultante *"veo que estás desviando la mirada, pareciera como si quisieras decirme algo pero que no te atreves"* de la misma forma se considera que este tipo de estrategias son funcionalmente equivalentes al repertorio que el consultante desearía desarrollar. Practicar la Regla 2 de forma efectiva implica valor por parte del terapeuta, pues requiere proveer de retroalimentación honesta, persistir en presentar estímulos aversivos (con la finalidad de evocar y moldear respuestas más efectivas, como en la exposición) o hacer auto-revelaciones donde se exponga vulnerable. La consciencia y valor del terapeuta representa los antecedentes para las CCR2 del consultante. Cuando un consultante responde con una CCR2 valerosa, la respuesta apropiada del terapeuta implica un acto de amor (Regla 3) el cual es, a su vez, equivalente al tipo de respuestas que el consultante esperaría fortalecer en sus relaciones interpersonales.

Las 5 Reglas de la FAP y su Término ACL correspondiente
(Tsai et al. 2009; adaptadas de Kanter et al. 2015)

Regla	ACL usado en Tsai et al. (2009)
1: Observar las CCRs	Estar conciente
2: Evocar CCRs	Ser valiente
3: Reforzar naturalmente las CCRs	Dar amor terapéutico
4: Observar el efecto del refuerzo en las CCRs	Estar concientes del propio impacto
5: Proveer interpretaciones informadas en el análisis funcional e implementar estrategias de generalización	Ninguna (conductismo)

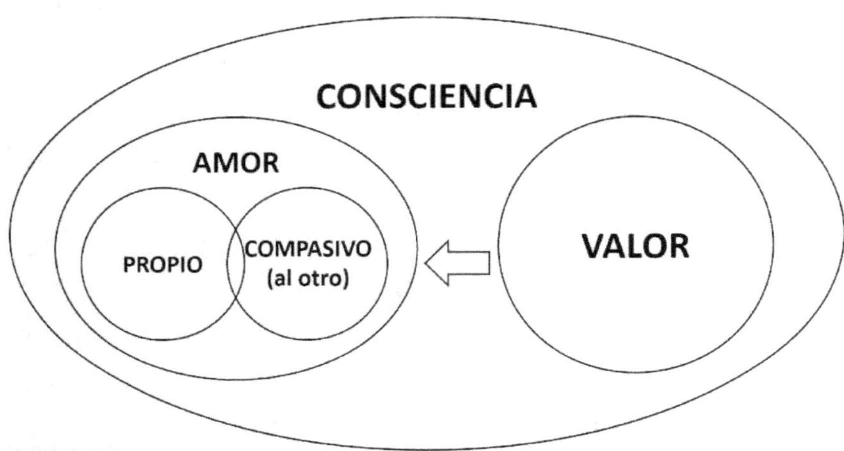

Figura 3.1 Consciencia, valor y amor.

En resumen, cuando el terapeuta se involucra en este mecanismo (Reglas 1, 2 y 3), su ACL se desarrolla en una secuencia paralela a la secuencia ACL que el consultante espera presentar con sus otros significativos en la vida diaria. Notará que las Reglas 4 y 5 no están descritas explícitamente por el modelo ACL, en este, la Regla 4 puede considerarse como una subcategoría de la consciencia mientras que la Regla 5 se asume específica del terapeuta y no tan relevante de desarrollar para el comportamiento interpersonal del consultante.

3.3.2 ACL como procesos transdiagnósticos.

De manera genérica, las psicoterapias conductuales contextuales, o terapias conductuales de tercera generación, se caracterizan y distinguen de sus predecesoras por enfocarse en el análisis de la función y contexto de los eventos psicológicos y buscar el desarrollo de una actitud *"abierta, conciente y activa"* ante las barreras psicológicas, para desarrollar repertorios de comportamiento flexibles que permitan vivir de una manera satisfactoria según lo que cada individuo defina como valioso o importante (Hayes, Villatte, Levin & Hildebrandt, 2011).

La FAP, se distingue del resto de las psicoterapias conductuales contextuales por su naturaleza interpersonal e interés en el análisis de la relación terapéutica como medio de cambio clínico. Los practicantes de la FAP se interesan en la forma en que su conducta influye en la de sus consultantes y, para lograr esa influencia se sirven de tres funciones: 1) su propia capacidad para elicitar emociones, 2) provocar acciones y 3) reforzar el comportamiento (Tsai, Kohlenberg & Kanter, 2009). El uso estratégico de estas funciones ayuda a los consultantes a desarrollar repertorios de comportamiento efectivos y flexibles para lograr las metas que le llevan a psicoterapia. De manera genérica, se podría decir que el terapeuta adopta una postura abierta, conciente y activa para ayudar a sus consultantes a desarrollar esta misma postura y así, ser más eficaces para conducirse hacia sus metas en presencia de barreras psicológicas, físicas o ambientales importantes. En la FAP, esta actitud abierta, conciente y activa puede conceptualizarse dentro de los mismos términos de ACL aplicados en un contexto intrapersonal, distinto al contexto interpersonal anteriormente descrito. A continuación, describimos estos procesos y los relacionamos con procesos psicológicos comprobados de valor transdiagnóstico.

Consciencia. Anteriormente describimos a la consciencia como el acto propositivo de estar despierto y vivaz frente al momento presente, las experiencias que contiene y lo que es importante sobre él. Desde una perspectiva intrapersonal se asume que la consciencia de tipo *mindfulness* favorece la "sensibilidad al momento" y, por lo tanto, el "auto-manejo y afrontamiento efectivo" de la situación; en otras palabras, favorece la discriminación de estímulos discriminativos relevantes para la emisión del comportamiento efectivo para contactar con los reforzadores deseados. Considere la siguiente definición de Kohlenberg y Tsai (1991) de mindfulness: *Auto-discriminación* que juega un papel importante en el desarrollo del "Yo" y ayuda a permanecer ante estímulos aversivos proveyendo la oportunidad de presentar nuevos comportamientos que pudieran ser reforzados (Kohlenber, Tsai, Kanter & Parker, 2009).

Hasta el momento, se ha demostrado que el entrenamiento de este tipo de consciencia, por ejemplo el entrenamiento en mindfulness, tiene efectos significativos y persistentes en problemas como la ansiedad, depresión, abuso de sustancias, dolor crónico, déficit de atención e hiperactividad, insomnio, afrontamiento de condiciones médicas, entre otros (Grossman et al. 2004, Zgierska et al. 2009), y que incrementa la sensación de conexión social (Hutcherson, Seppala & Gross 2008) y emotividad positiva (Frederickson et al. 2008, Hutcherson et al. 2008).

Desde FAP, la consciencia plena del momento puede conceptualizarse como una CCR2. Por ejemplo, considere el siguiente caso de un consultante que reporta tener "miedo a salir de noche después de haber sido víctima de un crimen" y que desea "recobrar su vida atreviéndose a hacer las cosas a las que ha renunciado después de que su miedo tomara control de su vida", el terapeuta podría notar (regla 1) momentos donde el consultante experimenta este temor o rumia sobre su problema durante la sesión y animarlo (regla 2) a "tomar distancia" y "atreverse a mirar al miedo a los ojos" mediante la descripción de las experiencias notadas en el momento y observar como estos varían durante la observación; posteriormente se podría reforzar (regla 3) esta observación animando al consultante a observar el sentimiento de fortaleza o de logro que acompaña al acto de "haberse atrevido a sentir miedo" u, optar por revelar su admiración hacia el acto del consultante. Tras verificar el impacto de la experiencia (regla 4) podría animar al consultante a practicar esta fortaleza en su vida diaria cada que el miedo se presente o, incluso, buscar exponerse a situaciones generadoras de miedo de forma que pudiera practicar esta observación (regla 5).

Suponga ahora que el mismo consultante comienza a describir un episodio donde tuvo temor de salir solo por la noche y repentinamente comienza a hablar sobre los detalles del crimen del que fue víctima, es decir que comienza a rumiar y desvía su atención por completo del punto (CCR1), el terapeuta podría notar este acto (regla 1) y pedir al consultante notar el impulso de "sumergirse en esta historia" y desobedecerlo deliberadamente manteniendo su vista en los ojos del terapeuta y tratando de notar sus cambios emocionales mientras le describe el acontecimiento del que hablaba originalmente (regla 2). La discriminación de las contingencias que controlan las CCR (regla 5) es un repertorio de consciencia que también resulta muy importante desarrollar en la FAP intrapersonal.

Como se ha mencionado anteriormente, la FAP es una psicoterapia que requiere una conceptualización de caso funcional antes de definir lo que representan las CCRs y ORs de un consultante en particular; no obstante, al igual que en el modelo ACL de conexión social descrito anteriormente, este modelo de ACL como procesos intrapersonales de valor transdiagnóstico puede orientar la tarea de discriminación de CCRs del terapeuta. Desde este modelo, la importancia de conceptualizar la consciencia como una CCR2 no puede subestimarse dada la extensa literatura que muestra la utilidad de desarrollar esta conducta (lo animamos a consultar las fuentes referenciadas arriba) y el importante papel que tiene en diversos modelos clínicos sustentados en evidencias como la *Terapia Dialéctica Conductual*, la *Terapia de Aceptación y Compromiso*, la *Terapia Metacognitiva*, las *Terapias Basadas en el Mindfulness*, o las terapias de *Regulación Emocional*.

Valor. Desde una perspectiva intrapersonal, nuestra definición de valor no difiere mucho de la descrita anteriormente, piense en valor como hacer algo importante, que implique un desafío para la persona y que al mismo tiempo sea seguro y le acerque a lo que le es importante. Adoptar esta postura activa respecto a lo que es importante permite tanto el cambio del propio ambiente y la calidad de las relaciones interpersonales de forma que se ajusten más a los valores personales, al mismo tiempo que le permiten valorar su esfuerzo y que su postura activa se refuerce intrínsecamente. Los meta-análisis sobre la eficacia de la activación conductual y la terapia de exposición ilustran la importancia clínica de este proceso (Mazzucchelli, et al. 2009), también está documentada la eficacia del uso de estrategias de toma de riesgos para favorecer el compromiso y adherencia al tratamiento en diversas formas de psicoterapia (Bornalova & Daughters 2007) y, se ha mostrado una relación inversa entre la depresión y la exposición a situaciones positivas aportando evidencias a la importancia de la activación como mecanismo de cambio (Manos, et al. 2010).

Los consultantes darán muchos ejemplos de CCR1 y CCR2 relevantes al valor durante su tiempo en terapia, p.ej. reconozca que las siguientes conductas pueden representar ejemplos de CCR2: llegar a tiempo a sesiones, atreverse a hablar de un tema vergonzoso para ellos, atreverse a tomar el transporte público para llegar a consulta, o simplemente sentarse en un sillón donde un desconocido se ha sentado minutos atrás. El terapeuta hará bien en identificar estas CCR (regla 1) o, crear situaciones dentro del consultorio que permitan que el consultante afronte riesgos emocionales similares a los que debería afrontar en su vida cotidiana (regla 2), de esta forma se aprovecharían valiosas oportunidades para reforzar el valor de exponerse a situaciones emocionalmente amenazantes, activarse realizando tareas desafiantes o inclusive ensayar habilidades conductuales o de solución de problemas (regla 3). La revisión de estas experiencias (regla 4 y 5) y la programación de ensayos en el ambiente natural (regla 5) para desarrollar OR2 deberían de incluirse siempre al terminar una sesión donde se trabajen estas CCR.

Se podría decir que el análisis de los contextos donde se pretenden realizar las conductas deseadas (es decir el moldeamiento de estos comportamientos), su ensayo y su práctica es un proceso implícito en cualquier terapia conductual. Lo que distingue a la FAP es la observación e intervención activa sobre las ocurrencias espontáneas de las conductas deseadas e indeseadas durante la sesión terapéutica. El uso del ensayo conductual, la exposición o la programación de actividades pueden ser estrategias evocativas que proveen la oportunidad de observar e intervenir sobre CCRs. Asimismo, la exposición, activación conductual y entrenamiento en habilidades serían estrategias básicas a considerar para desarrollar y practicar actos valientes en la FAP intrapersonal. Finalmente, la retroalimentación, expresión de reconocimiento y validación son reforzadores naturales que el terapeuta puede usar en estas situaciones, ya que probablemente son más usuales en estos contextos que las muestras de vulnerabilidad recíproca (por ejemplo).

Amor. Podemos dividir el amor en dos tipos: a) amor propio que implica aceptar y cuidar de uno mismo, dándose lo necesario para actuar con consciencia, valor y amor hacia los demás y, b) amor compasivo que implica responder al otro de una manera empática, específica y en sincronía con sus necesidades de forma que se genere un sentimiento de conexión interpersonal. En la FAP, al hablar de intrapersonal nos referimos a concentramos en el amor propio, que incluye una gran diversidad de procesos de utilidad clínica comprobada como la aceptación de la propia experiencia y el entrenamiento de habilidades de comunicación, solución de problemas, autocuidado y regulación emocional (Werner & Gross, 2010).

Ejemplos de amor propio incluyen la auto-aceptación (o auto-compasión), aceptar muestras de amor (cuidado, afecto, etc.) y el auto-cuidado. El terapeuta de la FAP podría estar atento, evocar y reforzar estas CCR2 cuando se presenten en la sesión. Por ejemplo, supongamos que un consultante que desea mejorar su autocuidado saca una botella de agua dentro de la sesión, el terapeuta podría reforzar esta acción de autocuidado a partir de una muestra de reconocimiento *"no se te veía tomar agua antes, ¿llevas tiempo con este hábito?"*, verificar el efecto de su intervención y tratar de generalizar estas acciones con otras acciones *"¿qué otros escalones hacia una vida más saludable podrías subir esta semana?"*. Desde la FAP intrapersonal, las acciones de autocuidado pueden evocarse a partir del entrenamiento en habilidades conductuales, como el entrenamiento en auto-control, manejo de agendas, entrenamiento en habilidades de regulación emocional o control del estrés, etc., siempre cuidando analizar estas oportunidades como un ejercicio evocativo de CCR ante las que se debe intervenir oportunamente. Conductas como la auto-compasión pueden evocarse a partir de ejercicios de meditación o de toma de perspectiva (ver capítulo 6).

3.3.3. Conclusión.

Los términos de ACL representan tipos de CCR que pueden orientar la conceptualización de caso e intervención de la FAP. ACL se ha usado originalmente para describir una cadena operante y una relación funcional altamente probable entre el comportamiento de una diada de individuos (o más) que se involucran en una interacción de conexión o intimidad; por esta razón, ACL resulta una forma de conceptualizar las CCR de consultantes con problemas interpersonales que pueden intervenirse de manera natural durante la FAP, ya que la naturaleza misma de la relación terapéutica en la FAP representa un espejo del tipo de relación que el consultante desearía desarrollar en su vida cotidiana. Por otra parte, ACL puede utilizarse para identificar CCR intrapersonales y para planear intervenciones de FAP orientadas al logro de metas y a desarrollar estilos de vida congruentes con los valores personales. En ambos casos, ACL no representa la única forma de identificar CCR, conceptualizar casos y planear tratamientos en FAP, en todo momento debe considerarse que la FAP es una intervención analítico conductual y que el análisis que hace de la problemática conductual humana y su solución siempre es funcional. En los siguientes capítulos describiremos estrategias específicas que ayuden a los terapeutas a trabajar desde el modelo ACL inter e intrapersonal de una forma flexible y fundamentada en el análisis funcional conductual.

Segunda Parte

Implementando la Psicoterapia Analítica Funcional

Capítulo 4:
El proceso de la psicoterapia analítica funcional

La psicoterapia Analítica Funcional (FAP) tiene una estructura lógica que inicia desde el primer contacto que el consultante, o posible consultante, tiene con el terapeuta y se expande hasta el momento de finalización de la psicoterapia. En este capítulo describiremos a grandes rasgos el proceso de la *FAP* y su relación con la formulación de caso e intervención.

4.1. La evaluación y formulación de caso clínico.

Podría decirse que el proceso de evaluación en la FAP inicia desde que el terapeuta y el consultante hacen contacto por primera vez. La forma en que se establece este primer contacto depende en gran medida del escenario en que trabaje el terapeuta y el medio de contacto que los consultantes tengan con él, puede que el terapeuta tenga su primer contacto vía telefónica cuando el consultante le llame para pedir una cita de evaluación o que éste primer contacto se de en el momento en que abra la puerta para recibir al consultante; el terapeuta que trabaja en el sector público puede conocer al consultante tras ser referido para una valoración o bien que le haya sido presentado por otro profesional, las posibilidades son muchas pero comparten algo en común, el terapeuta de la FAP debe estar conciente de las reacciones que el posible consultante y él mismo tienen desde este primer encuentro, esto le ayudará a observar muestras de comportamiento que posteriormente pudieran definirse como CCRs.

La entrevista de evaluación en la FAP es similar a la que se observaría en cualquier otra terapia conductual, donde el terapeuta debería: a) obtener descripciones conductuales sobre los problemas del consultante, ejemplos de situaciones y contextos en los que estos problemas se presentan, b) indagar sobre la historia del problema, su evolución a lo largo del tiempo y los factores históricos que contribuyeron a desarrollar los comportamientos problemáticos del consultante y c) solicitar descripciones conductuales de los resultados esperados de la terapia. Lo que distingue al proceso de entrevista en la FAP es la indagación activa de ejemplos de conductas problemáticas y metas dentro del consultorio, por medio de preguntas como *"¿de qué manera crees que el temor a ser juzgada pueda presentarse conmigo?"*, *"en el tiempo que tenemos de interactuar ¿te has notado desconfiando de mi de algún modo?"*, *"¿cómo es que tu depresión pudiera interferir con nuestro trabajo terapéutico?"*.

En esta fase de la terapia sería útil explorar las siguientes cuestiones como parte del proceso de identificación de CCRs evocadas típicamente al iniciar relaciones interpersonales (estas preguntas están adaptadas de las formuladas por Kohlenberg y Tsai, 1995): a) ¿Por qué me has elegido como terapeuta? Y ¿qué relación pudiera existir entre tu forma de hacer esta elección y la forma en que lo haces en tu vida diaria?; b) Cuando comienzas una nueva actividad o relación, ¿qué es lo que te gusta que ocurra?, ¿qué tipo de impresión te gusta dar?, ¿es importante para ti la impresión que das?; c) ¿Qué diferencias y semejanzas existen entre tu forma de iniciar relaciones y la forma en que has comenzado a relacionarte conmigo?; ¿Qué esperarías de mí? y ¿qué podrías hacer tu para iniciar la terapia de la mejor manera?; ¿Qué es lo que te ha gustado o disgustado de la terapia hasta ahora?

Como puede suponerse, el proceso de evaluación clínica es también una excelente oportunidad, aunque no el único momento, de evaluar CCRs relacionadas con los repertorios de ACL descritos en el capítulo anterior (por ejemplo, consciencia de las propias experiencias y valores, de las reacciones de la otra persona etc.). El Anexo 4.1 incluye una gran variedad de preguntas que pueden usarse para evaluar este repertorio fuera y dentro de la sesión de terapia.

Después de haber obtenido información suficiente el terapeuta de la FAP elabora una conceptualización de caso, es decir una teoría funcional sobre los factores que desarrollaron y mantienen los problemas del consultante. Ya sea que conceptualice los problemas del cliente como CCRs y ORs y/o, si así se desea, los categorice como déficits de Consciencia, Valor y Amor (ACL) intrapersonal o interpersonal, el proceso de evaluación de la FAP no está completo sin la identificación de Os por parte del terapeuta y el desarrollo de un plan de tratamiento. En el capítulo 5 describiremos estrategias específicas para poder evaluar los problemas del consultante y desarrollar una conceptualización de caso, mientras tanto incluimos la tabla 4.1 que puede funcionar como una lista de chequeo para evaluar la eficacia del terapeuta en esta primera etapa de la FAP.

4.2. Introducir FAP al consultante.

Una vez que el terapeuta y el consultante han definido colaborativamente una lista de problemas y metas fuera y dentro de la sesión terapéutica, el terapeuta debe presentar al consultante su modelo de trabajo y explicar la forma en que esta se ajusta a su condición. En la FAP es especialmente importante que el consultante obtenga una justificación funcional de la terapia, de esta forma se espera evitar confusiones o malentendidos respecto a las intervenciones del terapeuta, p.ej. pensar que el terapeuta es poco profesional por revelar sus sentimientos o que la terapia se trata se "conversar" sin tener un fin específico.

Al proceso de proveer la racionalidad de la terapia se le conoce normalmente como "FAP Rap" (Tsai, Kohlenberg, Kater & Waltz, 2009), y la forma de implementarlo depende tanto de las características del consultante como del terapeuta, su formato es libre (escrito o verbal) y puede repetirse a lo largo del tratamiento tantas veces como sea necesario. A continuación, presentamos dos ejemplos, de la forma de presentar el FAP Rap al consultante, el primero fue escrito por Jonathan W. Kanter y el el segundo por Michel A. Reyes. Ambos son ejemplos descritos en manuales de tratamiento desarrollados para protocolos de investigación.

Tabla 4.1
Lista de cotejo de eficacia de las sesiones de evaluación.

Primer contacto

01   Entrevista de evaluación. ( )

02   Estuvo atento a sus reacciones y las del consultante para ( ) obtener información que pudiera ayudar a definir CCRs y ORs.

03   Se definieron conductualmente los problemas del con- ( ) sultante.

04   La definición de los problemas del consultante se realizó ( ) de manera colaborativa.

05   Se preguntó por la ocurrencia de los problemas del con- ( ) sultante en diversas áreas de su vida, p.ej. laboral, familiar, relaciones de pareja, desempeño académico, relaciones sociales, tiempo libre, etc.

06   Se obtuvieron 3 ejemplos como mínimo de cada uno de ( ) los problemas del consultante en cada una de las áreas de ocurrencia.

07   Se obtuvieron ejemplos de la forma en que los problemas ( ) del consultante podrían ocurrir dentro de la sesión terapéutica.

08   Se obtuvieron ejemplos de la forma en que los problemas ( ) del consultante podrían interferir con la eficacia de la terapia, p.ej. llegar tarde a sesiones, no realizar tareas de reforzamiento en casa, etc.

09   Los ejemplos obtenidos en los puntos 05, 06, 07 y 08 describen una contingencia de refuerzo antecedentes, conductas y consecuencias.

10   Se definieron conductualmente las metas del consul- ( )
     tante. Se definió una meta por cada uno de los problemas
     identificados (reactivo 04).

11   Se describió conductualmente la forma que las conduc- ( )
     tas metas del consultante tendrían dentro de la terapia.

Formulación de caso.

12   Se conceptualizaron los problemas del consultante como ( )
     OR1 y OR2.

13   Se conceptualizaron los problemas del consultante como ( )
     CCR1, CCR2 y CCR3.

14   La definición de las CCR y OR del consultante se realizó ( )
     de manera colaborativa.

15   Se identificaron y conceptualizaron T1s y T2s.   ( )

16   Se organizó la información en un formato de conceptual- ( )
     ización de caso.

17   Se formularon las CCR de acuerdo a modelo ACL.   ( )

---

1) "Una de las cosas en las que hemos decidido enfocarnos contigo, es en incrementar tu consciencia de lo que pasa con la otra persona mientras interactúas con ella. Una forma de hacerlo, es que te enfoques en mí, como si yo fuera la otra persona y estuviera frente a ti justo en este momento. Por ejemplo, yo podría notar que no me estás prestando mucha atención y entonces te preguntaría ¿qué crees que estoy sintiendo en este momento?, y quiero ser muy claro. El que un terapeuta diga cosas como estas te puede parecer raro, porque se supone que la terapia debe enfocarse en ti. Pero en este caso, yo lo haría porque es una forma de ayudarte a mejorar tu forma de notar a los demás... Por supuesto, siempre seré y sólo seré tu terapeuta. Así que siempre elegiré decirte lo que sea apropiado – por ejemplo, si me haces preguntas personales. Nunca perderé de vista que mi objetivo es ayudarte. Nunca te mentiré, siempre seré honesto sobre lo que soy y siento, aun así, siempre tendré en mente lo que sea útil decirte, para asegurarme de ser tan útil como sea posible, aún si estamos hablando sobre mis propios sentimientos del momento".

2) "Una cosa que es importante que sepas del tipo de terapia que hago es que se basa en el supuesto de que los comportamientos problemáticos y deseables que podrían ocurrir fuera de este consultorio se presentarán durante nuestras sesiones de terapia, mientras interactúas conmigo. De hecho, el que estas conductas problemáticas se presenten conmigo es una gran oportunidad para señalarlas y entrenar el arte de hacer cosas diferentes, más útiles, de forma tal que después puedas ensayar estas alternativas con otras personas en tu vida cotidiana. Así, para que la terapia funcione de la mejor forma será muy importante que tú y yo nos permitamos ser quienes somos en realidad y constantemente analicemos nuestra forma de relacionarnos en búsqueda de oportunidades para practicar cosas diferentes".

El siguiente es un tercer ejemplo publicado en un libro de Tsai y cols. (2012).

"FAP incluye protocolos cognitivo conductuales desarrollados para el tratamiento de problemas específicos y, al mismo tiempo enfatiza la importancia que tiene la relación consultante-terapeuta para generar importantes cambios en la vida. Así que además de enfocarnos en síntomas específicos, FAP también nos da la oportunidad de mostrar la mejor versión de nosotros mismos, de aprender a expresarnos completamente, de llorar nuestras penas cuando sea necesario, de desarrollar consciencia plena, y de crear mejores relaciones interpersonales.

Será una oportunidad de enfocarnos en nuestra relación si es que tuvieras dificultades que surjan conmigo de la misma forma en que lo hacen con otras personas en tu vida. Nuestra relación terapéutica es el lugar ideal para practicar el ser efectivo en tus relaciones con los demás".

Posteriormente, es importante que consultante y terapeuta definan las reglas del tratamiento, por ejemplo, la frecuencia de las sesiones de consulta, su duración, si se van a recibir llamadas telefónicas, el llenado de escalas de evaluación, grabación de sesiones, la tarifa del terapeuta, etc. En este momento es imprescindible que el terapeuta detecte situaciones que puedan evocar naturalmente CCRs por las características del contexto terapéutico. Estas situaciones tienen el nombre de *situaciones terapéuticas* (Kohlenberg & Tsai, 1991) y pueden detectarse fácilmente desde este momento o incluso en las sesiones de evaluación: a) La estructura temporal de las sesiones puede evocar conductas problemáticas como llegar tarde o una preocupación excesiva por la puntualidad entre otras, b) la naturaleza finita puede evocar preocupaciones relacionadas con la pérdida, separación o la dependencia/independencia.

Esta etapa de la terapia termina con un acuerdo del consultante de iniciar el proceso terapéutico. Este acuerdo no es indefinido, se recomienda hacer acuerdos de asistir a 4 sesiones de terapia y revisar el impacto de la misma después de estas, de estar resultando efectiva se recomienda volver a hacer un "contrato" de 4 sesiones y renovarlo tantas veces como sea necesario, el contrato termina por dos razones: 1) porque terapeuta y consultante consideran que la terapia no está siendo efectiva e, idealmente, deciden implementar otro modelo alternativo (que administra el mismo terapeuta o bien canaliza el caso a otro profesional); o 2) porque el consultante ha cumplido sus objetivos y, por lo tanto, ya no es necesario seguir acudiendo a psicoterapia. La tabla 4.2 contiene la lista de cotejo para evaluar la eficacia del terapeuta en esta etapa de la terapia.

4.3. Crear un espacio de seguridad y confianza.

Crear un contexto de seguridad y confianza es imprescindible en la FAP, tan es así que en otros textos se ha descrito este proceso como "crear un espacio sagrado" (Tsai et al. 2012). El momento de crear este espacio se traslapa con la presentación del tratamiento, aunque el terapeuta debe estar dispuesto a revisitar el proceso tantas veces como sea posible, así como a presentar nuevamente la lógica de la FAP. El objetivo de este proceso es crear un escenario que favorezca el aproximarse a la otra persona de forma vulnerable, sin que estas aproximaciones resulten en daño. La FAP es una terapia donde se pide a los consultantes, y los terapeutas también lo hacen, tomar riesgos interpersonales frecuentes en la presencia y en la dirección de otra persona. Proveer esta confianza y seguridad es imprescindible en FAP porque su objetivo es moldear comportamientos que se encuentren fuera de su zona de comodidad, pero siempre dentro de su zona de seguridad.

Creemos que existen dos formas básicas de crear este espacio: a) Hablando directamente sobre la necesidad de crearlo y b) siendo una persona genuina. Una forma de hablar sobre la creación de este espacio sagrado es decir al consultante:

> *"Esta psicoterapia será demandante contigo, continuamente nos esforzaremos para que puedas hacer cosas que estén más allá de tu zona de comodidad, siempre que esto te acerque más a donde quieras llegar en tu vida y en tus relaciones interpersonales, esto te generará estrés y ganas de renunciar. No obstante, te garantizo que puedes confiar en que al mismo tiempo me esforzaré por asegurarme de que todos y cada uno de tus esfuerzos sean seguros física y emocionalmente. De la misma forma, puedes confiar en que tu privacidad está asegurada y que todas las decisiones que se tomen en relación a tu terapia serán tomadas en consenso".*

Tabla 4.2

Lista de cotejo de eficacia de la presentación del tratamiento.

01	El terapeuta explicó que la FAP se basa en el supuesto de que los problemas y mejorías del consultante se reflejan dentro de la sesión de terapia.	( )
02	El terapeuta explicó que la sesión terapéutica y la vida cotidiana del consultante son equivalentes funcionalmente debido a que dentro de la sesión ocurrirán situaciones que provocarán experiencias y reacciones similares a las que se presentan en el ambiente natural.	( )

03   El terapeuta puso ejemplos de las CCRs y ORs ( )
del consultante para explicar el supuesto de equi-
valencia.

04   El terapeuta explicó las ventajas de intervenir "en vivo" ( )
cuando se presenten CCRs.

05   El terapeuta explicó que la relación terapéutica en la FAP ( )
se basa en la autenticidad y que de ésta depende la eficacia del terapeuta para crear cambios conductuales.

06   El terapeuta pidió y obtuvo permiso del consultante para ( )
intervenir cuando las CCRs se presenten dentro de la sesión terapéutica.

07   El terapeuta explicó el rol del terapeuta: Compartir ( )
hipótesis sobre las variables mantenedoras de CCRs y
ORs, proponer ejercicios para crear cambios conductuales, evaluar el progreso del tratamiento y crear un
ambiente seguro y confidencial para que estos cambios
puedan suceder.

08   El terapeuta explicó el rol del consultante: Compartir ( )
hipótesis sobre las variables mantenedoras de CCRs y
ORs, participar de los ejercicios para crear cambios conductuales y tomar un papel activo para realizar cambios
de afuera hacia adentro.

09   El terapeuta explicó que, aunque la terapia se auxiliará ( )
de principios y métodos sustentados en evidencia para
ayudar al consultante a lograr sus metas, no existe ga-
rantía de éxito.

10   El terapeuta detectó e indagó sobre posibles situaciones ( )
terapéuticas que pudieran evocar CCRs.

11   El terapeuta obtuvo el compromiso del consultante para ( )
probar la terapia durante un número mínimo de sesiones.

La forma de mantener una actitud genuina y transparente
con el consultante en este momento de la terapia es animarle
a hacer preguntas sobre el terapeuta, su capacitación, pregun-
tarle por sus sentimientos relacionados al género o apariencia
del mismo, expresar los sentimientos que experimenta en el
momento y preguntar por sus expectativas sobre la terapia, animándolo a establecer sus propios límites.

Mantener este espacio de confianza y seguridad a lo largo del tratamiento requerirá que el terapeuta haga reflexiones empáticas, mantenga una actitud honesta y genuina, sea validante, mantenga su palabra, sea consistente en sus intervenciones, reconozca cuando esté confundido o no tenga respuestas, recuerde datos importantes sobre la vida del consultante, esté dispuesto a ser tan vulnerable como el consultante, se haga responsable de sus errores, y respete las opiniones y preferencias del consultante (Tsai, et al. 2012). La tabla 4.3. contiene la lista de cotejo para evaluar la eficacia de crear un espacio sagrado en esta etapa de la terapia.

Tabla 4.3
Lista de cotejo de eficacia para crear un espacio sagrado.

01	El terapeuta habló de la importancia de actuar fuera de la zona de comodidad y dentro de la de seguridad.	( )
02	El terapeuta garantizó seguridad y confidencialidad al consultante.	( )
03	El terapeuta animó al consultante a hacer preguntas sobre él.	( )
04	El terapeuta animó al consultante a expresar sus sentimientos sobre él.	( )
06	El terapeuta validó las experiencias y acciones del consultante.	( )
07	El terapeuta expresó sus sentimientos, opiniones y actuó de forma genuina.	( )
08	El terapeuta es consistente con lo expresado en momentos anteriores de la terapia o evaluación.	( )
09	El terapeuta recuerda datos importantes de la vida del consultante.	( )
10	El terapeuta reconoce sus errores, falibilidad o ignorancia.	( )
11	El terapeuta se muestra vulnerable en situaciones donde el consultante lo hace.	( )

4.4. Utilizar las 5 reglas para desarrollar Consciencia, Valor y Amor.

El contenido de las sesiones de tratamiento en FAP puede ser tan variado como el caso particular en el que cada consultante lo requiera. No obstante, sugerimos la siguiente estructura para poder cumplir con los objetivos de la sesión acorde a las metas de la FAP, aunque sugerimos considerar que la estructura es flexible y que en diversas ocasiones debe sacrificarse para atender necesidades urgentes o importantes que surjan en el momento, por ejemplo, si el consultante está en crisis o necesita resolver un problema de manera urgente con la ayuda del terapeuta. El terapeuta debe dar oportunidad para que las CCR2s del consultante impacten en la estructura de la sesión, por ejemplo: un consultante con problemas de organización podría estar presentando una CCR2 si pide cambiar la agenda y provee una justificación o presenta su alternativa de manera estructurada, o bien un consultante muy adherido a reglas podría estar presentando una CCR2 importante si se desvía de la estructura preparada para la sesión.

En primer lugar, sugerimos establecer una agenda de la sesión donde se establezcan los temas a discutir en la misma. Aún si el terapeuta elige estructurar el tratamiento y decide que un enfoque directivo es mejor para el consultante, la agenda de la sesión debe establecerse tan colaborativamente como sea posible. De cualquier forma, el terapeuta debe cuidar que las sesiones tengan una continuidad entre si y que sus contenidos se alineen con las metas del tratamiento. La hoja de enlace entre sesiones de tratamiento puede ayudar a este fin (Tsai et al 2009; ver formato 4.1).

La sesión comienza con la preparación de la misma, esto puede realizarse a partir de un ejercicio de meditación o cualquier otro "ritual de apertura", el objetivo de esta preparación es enfocarse en el momento presente, ayudarse a permanecer alerta y sensible a lo que surja dentro de la sesión, es un ejercicio de "consciencia" que permite identificar distractores y elegir reorientarse a las metas del tratamiento, prepararse para ser valiente y proveer amor al otro y a sí mismo. Para el terapeuta la preparación de sesión comienza minutos antes de recibir al consultante, un momento apropiado para revisar el caso, notas sobre el mismo y planear estrategias clínicas específicas.

La revisión de tareas es el siguiente paso dentro de la sesión, esta revisión normalmente es breve y se centra en los efectos de haberse atrevido o no a ensayar O2s, de no haberse completado la tarea es muy importante que se conceptualice el evento cono una CCR1 o CCR2 según el caso. Usualmente, la consecución de la tarea es una oportunidad para que el terapeuta refuerce (Regla 3) los intentos del consultante. Deben de tomarse en cuenta los principios del moldeamiento, a veces no realizar la tarea, pero haber recordado realizarla, ya es un ejemplo de CCR2. Cuando el consultante intenta mostrar O2s pero no ha logrado sus objetivos debe hacerse un análisis funcional breve (evocar una CCR3(2)) para tratar de determinar las razones y resolver el problema. Las principales razones por las que se tiene problemas al realizar una tarea son: no se recuerda, se eligió evitar u obedecer a los eventos privados elicitados con ella, se carece del repertorio para ejecutarla apropiadamente o se castigaron los intentos de presentar la conducta.

En general, la revisión de la tarea es una buena oportunidad de hablar sobre las Os del consultante. Esta parte de FAP puede verse como una forma de activación conductual (Kanter, Busch & Rusch, 2009) que tiene como objetivo evocar OR2s (p.ej. repertorios de ACL) en el ambiente natural, es una oportunidad para la regla 5. Usualmente, en este momento los protocolos basados en evidencia orientan el trabajo en FAP.

Puede que no todas las sesiones de FAP den la oportunidad para enfocarse intensamente en los procesos ocurrentes dentro de la sesión, sin embargo, no debe de pasarse por alto la ocurrencia de CCRs dentro de la misma, incluso cuando no son el foco de la sesión. Un ejemplo es cuando el consultante presenta una crisis que requiere enfocarse en la de solución del problema que se presenta en el ambiente natural. En todo caso, el terapeuta debe favorecer que el consultante analice todo problema fuera de sesión desde una perspectiva funcional, es decir que siempre estará evocando CCR3(2).

Si se diera el caso en que el contexto es apropiado para trabajar sobre CCRs y estas no se evocan naturalmente, el terapeuta puede hacer uso de ejercicios evocativos (capítulo 6) para evocar CCRs. En otras ocasiones, la estructura de la terapia presenta situaciones terapéuticas donde las CCRs se evocan de forma espontánea, pero de una manera lo suficientemente sutil para que sea difícil detectarlas, el terapeuta se beneficiará (y beneficiará a su consultante) de estar al tanto de ellas; a continuación se listan ejemplos de situaciones terapéuticas típicas descritas por Kohlenberg y Tsai (2009):

a. Temporalidad de las sesiones: Llegar tarde, preocupación por la puntualidad.

b. Tareas: Realizarlas o no, preocuparse por hacerlas a la perfección o no haberlas comprendido, etc.

c. Silencios y lapsus del lenguaje: Dificultad para tolerar silencios, confusión y vergüenza provocada por los errores del lenguaje, etc.

d. Sentirse bien: Sentirse bien puede elicitar culpa, sentirse desdichado por no haberse sentido así en el pasado, etc.

e. Recibir retroalimentación positiva: Este tipo de retroalimentación puede hacer sentir vergüenza o temor a no cumplir las expectativas, evocar verbalizaciones autodevaluatorias como *"no es para tanto"*, etc.

La sesión finaliza con la asignación de nuevas tareas. Esta es una oportunidad para la activación conductual, terapia de exposición, puesta en práctica de habilidades específicas, etc. donde las tareas deben estar basadas en la conceptualización de caso y desarrollarse a partir de lo sucedido dentro de la sesión. La tabla 4.4 puede usarse para evaluar la competencia del terapeuta en estas sesiones.

4.5. La finalización de la terapia. Sesiones de seguimiento.

El proceso de finalización de la FAP inicia cuando el consultante y el terapeuta están de acuerdo en que se están logrando las metas del tratamiento y los cambios conductuales del consultante se presentan en una intensidad, duración o frecuencia deseada y se refuerzan naturalmente en el ambiente del consultante. La satisfacción de estos criterios depende en gran medida de las metas que se hayan establecido al inicio de la terapia. Por ejemplo, considere un caso en el que trabajó uno de los autores, se trata de un consultante que deseaba poder expresar sus opiniones y negociar con sus compañeros de trabajo para poder sentirse útil y satisfecho en él, en este caso se decidió hablar de la finalización de la terapia cuando el consultante expresaba sus opiniones de manera espontánea en reuniones de trabajo y fiestas, buscaba el momento y las formas adecuadas para expresar sus inconformidades y negociar soluciones **aún** cuando se sintiera incómodo y en una frecuencia mayor a aquella en la cual elegía callar su opinión.

En estos momentos, es importante que el terapeuta pregunte al consultante sobre el cumplimiento de sus metas en terapia y, de estar de acuerdo en haber logrado un cambio suficiente en esa dirección, se sugiere la posibilidad de incrementar el tiempo entre sesiones de terapia. Suponiendo que las reuniones sean semanales, una forma de hacerlo sería verse cada dos semanas en dos ocasiones, posteriormente verse en dos ocasiones con una frecuencia mensual y finalmente verse después de tres y seis meses.

Tabla 4.4
Lista de cotejo de eficacia de las sesiones de tratamiento.

01	Se inició las sesiones con un ejercicio de mindfulness o algún otro ritual de apertura.	( )
02	Se revisó el formato de preguntas de enlace entre sesiones o cualquier otro método para evaluar el progreso del consultante desde la sesión anterior.	( )
03	Se realizó un análisis conductual sobre las OR2s que se presentaron desde la última sesión de tratamiento (tareas) y se utilizó el análisis conductual (se evocaron CCR3(2)) para idear soluciones a las OR1s que se hayan detectado.	( )
04	Se definió la agenda de la sesión colaborativamente.	( )
05	Se definieron las CCRs a observar durante la sesión.	( )
06	El terapeuta implementó las 5 reglas de la FAP.	( )
07	Se usó algún ejercicio evocativo.	( )
08	Se señalaron las CCRs evocadas a partir de situaciones terapéuticas (de ser el caso).	( )
09	El terapeuta pidió retroalimentación sobre la sesión.	( )
10	El terapeuta dio retroalimentación sobre su experiencia dentro de la sesión.	( )
11	Se asignaron ejercicios (tareas) para evocar O2s, estos se desprenden de lo ocurrido dentro de la sesión, y las O2s tienen un referente con las CCR2 presentadas en la misma.	( )
12	Los ejercicios asignados están orientados por algún protocolo basado en evidencias. Si es que éste existe.	( )
13	Se finalizó la sesión con un ejercicio de mindfulness o cualquier otro ritual de cierre.	( )

Por supuesto que la finalización de la terapia representa una situación terapéutica en si misma pues puede elicitar sentimientos relacionados con la pérdida o la separación, así como evocar CCRs como quererse asegurar del afecto del terapeuta, negar que su afecto es genuino, etc. Es importante que el terapeuta discuta abiertamente la posibilidad de que estas situaciones se presenten y se dé la necesidad de formularlas y trabajar sobre ellas como CCRs. El uso de ejercicios evocativos como el escribir una carta de despedida, agradecimiento o hacerse regalos de despedida puede ayudar a evocar CCR2s en el proceso de despedida. En la tabla 4.5 se especifican algunos puntos a considerar para evaluar la eficacia de estas sesiones.

En este capítulo hemos descrito el proceso general de la FAP, esperamos que esta descripción permita leer en forma mas amena los siguientes capítulos en relación a este proceso, ya que en ellos proporcionaremos estrategias específicas para implementar las 5 reglas de FAP de forma efectiva, pero antes profundizaremos sobre del proceso de formulación de caso clínico en FAP.

Tabla 4.5

Lista de cotejo de eficacia de las sesiones de finalización de tratamiento.

01   Se cumplieron con los puntos estipulados por la lista de   ( )
     cotejo de eficacia de las sesiones de tratamiento.

02   El terapeuta discutió con el consultante el cumplimiento   ( )
     de las metas estipuladas para el tratamiento.

03   El terapeuta preguntó directamente al consultante por   ( )
     sus sentimientos respecto a la finalización del trata-
     miento y la necesidad de terminar con su relación.

04   El terapeuta conceptualizó junto con el consultante la   ( )
     evocación de CCRs (p.ej. sentimientos relacionados al
     abandono, deseos de continuar su relación con el ter-
     apeuta, expresión de sentimientos relacionados con la
     finalización del tratamiento, etc.).

05   Terapeuta y consultante definieron colaborativamente   ( )
     CCRs y acordaron intervenir sobre ellas a lo largo de las
     últimas sesiones de psicoterapia.

06   Se acordó espaciar las sesiones de tratamiento con el pa-   ( )
     ciente. Este programa se desarrolló colaborativamente.

07   Durante las últimas sesiones se introdujeron ejercicios   ( )
     experienciales a manera de rituales de finalización de la
     terapia (p.ej. escribir una carta de despedida).

08   Durante las últimas sesiones se realizó un resumen de   ( )
     los problemas trabajados durante la terapia y las solu-
     ciones que se idearon respecto a ellos.

09   Durante las últimas sesiones se realizó un plan de pre-   ( )
     vención de recaídas.

Nombre: ____

Fecha: ____

Parte A (para completarse brevemente después de la sesión de terapia):

1.   ¿Qué te pareció más relevante de nuestra sesión? ¿Pensamientos, sentimientos, descubrimientos?

R=

2.   En una escala de 10 puntos, ¿Cómo evaluarías cada uno de los siguientes aspectos? Responde en los incisos a) – d)

Nada   Un poco   Moderadamente   Substancialmente   Mucho

1   2   3   4   5   6   7   8   9   10

a)   **Ayuda/Efectividad de la sesión**: ______

¿Qué resulto útil?

R=

¿Qué no fue útil?

R=

b) ¿Qué tan cercano te sentiste a tu terapeuta? ______

b)   ¿Qué tan involucrado te sentiste con los temas discutidos en sesión?______

d) ¿Que tan presente estuviste en sesión?: ______

3.   ¿Qué habría hecho que la sesión fuera de mayor ayuda, o una mejor experiencia? ¿Existe algo ante lo que te sientas renuente de hablar o pedirle a tu terapeuta?

R=

4.   ¿Qué asuntos surgieron entre ti y tu terapeuta que fueran similares a los problemas que tienes en tu vida diaria?

R=

5.   ¿Qué riesgos tomaste en la sesión/con tu terapeuta o que progresos lograste que pueden trasladarse en tu vida diaria?

R=

<u>**Parte B**</u> <u>(para completarse antes de la siguiente sesión)</u>:

6.   ¿Cuáles fueron los aspectos más altos y bajos de tu semana?

R=

7.   ¿Qué cambios, situaciones o retos positivos quisieras discutir en tu agenda la próxima sesión?

R=

8.   ¿Qué tan abierto fuiste al responder a las preguntas **nº1 - 7 (0-100%)**?

R=

9.   ¿Hay algo más que quisieras añadir?

R=

Anexo 4.1
Preguntas para evaluar ACL

Preguntas genéricas

- ¿Cuál crees que es tu mayor fortaleza en tus relaciones interpersonales? ¿Qué áreas de tus relaciones interpersonales se te dificultan más?

- ¿Cómo te hace sentir el contacto visual? ¿Cuándo te resulta cómodo o incómodo?

- ¿Cómo te sientes en tus interacciones íntimas emocionalmente hablando?

- ¿Qué tan sencillo o difícil te resulta confiar en las personas? ¿Crees que confías más rápidamente o más lento de lo que te conviene?

- ¿Cómo te aproximas cuando quieres conocer a alguien mejor? ¿Cómo te hace sentir que otra persona trate de conocerte mejor?

- ¿Cómo tiendes a responder cuando surgen conflictos en tus relaciones?

- ¿Te parece más sencillo hablar o escuchar? (Si la persona responde que escuchar, puede que su repertorio de amor esté más desarrollado, si responde hablar, puede que sea más fuerte en valor)

- ¿Qué tipo de interacciones sociales disfrutas? ¿Qué tipo de interacciones sociales te hacen sentir ansioso?

Preguntas específicas

	Enfoque fuera de la sesión	Enfoque dentro de la sesión
CONSCIENCIA PROPIA	• En general, ¿estás consciente de lo que piensas y sientes mientras ocurren las cosas? • ¿Qué sentiste en ese momento? ¿Qué estabas pensando entonces? ¿Estabas consciente de tus pensamientos y sentimientos? • Mientras participabas en esa interacción, ¿estabas consciente de tus necesidades? ¿De lo que era valioso para ti? ¿Cuál era tu objetivo en ese momento? ¿Eres conciente de quién eres y quieres ser? • ¿Qué tan difícil es para ti decidir cómo pasar el tiempo cuando estás con amigos o conocidos? • ¿Qué tan a menudo tomas decisiones basándote en lo que crees que "deberías hacer" en contraste con lo que de verdad "quieres hacer"? • ¿Cuándo fue la última vez que rompiste una regla porque creías que era lo correcto? • ¿Qué tan a menudo sientes que tus necesidades pasan desapercibidas en tus relaciones importantes?	• ¿Qué estás sintiendo en este momento? ¿Qué tan en contacto estás con tu cuerpo en este momento? • Mientras hablamos, ¿Estás consciente de tus valores, de lo que es importante? ¿Qué es lo que quieres lograr y cómo quieres aprovechar esta sesión? ¿Quién eres?, justo en este momento. • Pensando en nuestras sesiones, ¿qué tanto se te dificulta decidir sobre lo que deberíamos hablar? • ¿Qué tan a menudo, aquí conmigo, decides basándote en lo que crees que "deberías hacer" en vez de los que "de verdad quieres hacer"?

| CONSCIEN-CIA DE LOS OTROS | • ¿Qué tan consciente fuiste de sus sentimientos mientras hablaban? ¿Preguntaste por lo que sentía o necesitaba? ¿Por qué si / no? ¿Cómo crees que estaba reaccionando contigo en ese momento?

• En relación a tu forma de interactuar ¿Qué tipo de retroalimentación, positiva o críticas, has recibido por parte de las personas a quienes les importas?

• ¿Qué tan a menudo te formas un juicio rápido sobre las personas que luego lamentas?

• ¿Cómo es para ti cuando alguien importante para ti habla sobre un problema al que se enfrenta? ¿Qué te notas queriendo hacer cuando esto ocurre?

• ¿Cómo te sientes cuando alguien que te preocupa expresa sus necesidades?

• ¿Cómo te sientes cuando expresa dolor alguien que ha tenido más facilidades que tu? | • ¿Cómo crees que me siento en este momento, justo mientras hablamos? ¿Estás consciente de la expresión de mi rostro, o mi postura corporal?

• ¿Qué crees que estoy pensando?

• ¿Cómo crees que estoy reaccionando a ti en este momento? |
| VALOR

Mostrarse vulnerable | • ¿Qué sentías en ese momento? ¿Te sentías cómodo con ese sentimiento? ¿Qué tan intensamente intentaste evitar, negar, o suprimir ese sentimiento? ¿Hacerlo irse? ¿Puedes tener ese sentimiento, dejarlo estar e influir sobre ti? | • ¿Qué estás sintiendo en este momento? ¿Estás bien con ese sentimiento? ¿Con qué intensidad lo sientes en este momento? ¿Con qué intensidad estás tratando de librarte, negarlo o suprimirlo? ¿Puedes, simplemente sentir este sentimiento, dejarlo estar con nosotros e influirnos, justo ahora? |

VALOR Mostrarse vulnerable	• ¿Qué tan vulnerable te sentías? ¿Hubiera estado bien sentirte más vulnerable en ese momento? ¿Cómo se hubiera sentido eso para ti? • ¿Cómo tiendes a responder cuando alguien te hace una pregunta o hace algo que te hace sentir expuesto o vulnerable?	• ¿Qué tan vulnerable te sientes? ¿Está bien sentirte vulnerable conmigo en este momento? ¿Qué pasaría si fueras aún más vulnerable?
VALOR Auto-relevación	• ¿Expresaste lo que sentías? ¿Lo intentaste? • ¿Eres capaz de compartir lo que pasa por tu mente? ¿Hablar sobre ti, sobre lo que sientes, piensas, recuerdas, incluso si no se te pregunta o necesitas nada en particular? ¿Solo hablar sobre ti, y dejar que las personas sepan quién eres y lo que está pasando contigo? • ¿Cómo expresas tus creencias u opiniones cuando las mismas pueden ser impopulares? • ¿Cómo te sentirías si muestras a los demás que entiendes lo que sienten porque has pasado por cosas similares? ¿Compartir esos detalles, de la forma en que esa persona los compartió contigo?	• ¿Qué estás sintiendo en este momento? ¿Puedes, simplemente compartir lo que pasa por tu mente? ¿Hablar de ti, sobre lo que sientes, piensas, recuerdas, incluso si no me estás pidiendo o necesitas nada de mí? ¿Solo hablar sobre ti, dejarme saber quién eres y lo que te está pasando?

VALOR		
Hacer peticio-nes	• ¿Qué tan difícil te resulta preguntar por...? • ¿Pudiste preguntar por...? • ¿Qué habría ocurrido si hubieras comunicado directamente lo que deseabas, necesitabas? • ¿Qué tan asertivo fuiste al preguntar por ello? • Cuando interactúas con una persona nueva, ¿le haces preguntas para conocerla mejor, o más bien hablas de ti mismo? • ¿Puedes interrumpir a la gente que habla demasiado para hacerles preguntas? • ¿Eres capaz de invitar a cenar a un amigo, o a ver una película, o lo que sea? ¿o esperas a que ellos te inviten? • [A un consultante soltero] ¿Haces saber a las personas que te atraen que estás interesado en ellas? ¿Invitas a salir a la gente? • ¿Puedes iniciar interacciones románticas o sexuales? ¿Dejas que tu compañera sepa tus deseos y necesidades sexuales? • ¿Haces saber cuando quieres que la relación se vuelva más seria? ¿Cómo lo haces?	• ¿Qué tanto se te dificulta pedirme...? • ¿Puedes pedirme que haga...? • ¿Qué tal si trataras de decirme lo que necesitas o deseas directamente? • ¿Qué tan asertivo fuiste al pedir eso? • ¿Hay cosas que te gustaría decirme que no te atrevas a pedir o comentar? • ¿Has deseado interrumpirme en algún momento? • ¿Hay algo más que necesites de mí? • ¿Has querido darme retroalimentación, o pedirme que haga las cosas de forma diferente? • ¿Qué tan complaciente haz sido con mis peticiones en comparación con lo que deseas en realidad? • ¿Qué crees que podrías hacer si cometiera un error contigo?

	• ¿Cómo das retroalimentación, o pides cambios, a una persona con la que tienes una relación, cuando hace algo que no te gusta? • ¿Puedes decir que no a las peticiones de otras personas? ¿Cómo lo haces? • ¿Cómo estableces límites en tus relaciones? • ¿Cómo respondes cuando alguien te maltrata?	
AMOR Seguridad y Aceptación	• ¿Qué sientes que sería importante decir a alguien que se muestra vulnerable contigo? ¿Te es fácil o difícil hacerlo? • ¿Crees ser bueno para ayudar a la gente a sentirse segura cuando te muestran sus emociones? • ¿Te buscan tus amigos o familiares cuando están sufriendo? ¿Por qué si o porque no? • ¿Qué tanta aceptación muestras a las personas cuando actúan emocionales contigo? ¿Te enfocas en la solución de problemas y en hacerlos sentir mejor?	• Cuando te compartí esto, ¿crees que sabías lo que yo necesitaba? • Justo ahora que me estoy poniendo emocional, noto que tú ... ¿tienes el deseo de decir algo? ¿Fue natural para ti hacer eso conmigo, o lo hiciste porque sentiste que "debías hacerlo"?

AMOR		
Entendimiento	• ¿En que medida dejas saber a la gente que entiendes sus sentimientos cuando están vulnerables? ¿Qué tan importante es para ti hacerlo? • ¿Qué tan bueno eres para expresar entendimiento a los otros? ¿En que medida te aseguras de que los demás se sientan entendidos y validados? • ¿Qué tan bueno eres para expresar empatía de forma precisa y sensible? ¿Cómo sabes que eres bueno en eso (o que no lo eres)?	• Fue difícil para mí decirte esto, ¿consideraste expresarme entendimiento y cuidado cuando lo hice? ¿Por qué no? ¿Qué pudiste haber dicho? ¿Qué tal si lo dices ahora?
AMOR Dar	• ¿Cómo respondiste cuando te pidió eso? ¿Sentiste saber lo que necesitaba? • Si alguien que conoces estuviera molesto, y te pidiera un abrazo o que sostuvieras su mano, ¿qué harías? ¿cómo te sentirías? • ¿Serías capaz de responder detalladamente a alguien que te pregunta que aprecias de él? ¿Qué dirías? • ¿Qué hubieras hecho si sabías que ella quería sentirse más cerca de ti? • ¿Cómo se siente para ti dar a los demás? • ¿Qué tan bueno eres para comprar regalos a las demás personas?	• ¿Cómo respondiste cuando te dije eso? ¿Sentiste que sabías lo que necesitaba? • Si supieras que quiero estar cerca de ti como terapeuta ¿qué harías? • ¿Cómo te disculparías conmigo? • ¿Cómo manejas la retroalimentación negativa conmigo?

	• ¿Cómo manejas el rechazo? • ¿Cómo te disculpas? ¿Puedo escuchar lo que dices? • ¿Qué tan a la defensiva te pones cuando alguien te da retroalimentación?	
RESPONDER AL AMOR Aceptar amor, e x p r e s a r aprecio y co-nexión	• ¿Qué tan bueno eres para agradecer a las demás personas? • ¿Cómo le dices a las personas lo que aprecias de ellas? • ¿Qué tan bueno eres para decirle a la gente lo que significa para ti? ¿Para decirle a la gente "te amo"? ¿o solo decirles que te sientes cerca y conectado con ellos? • ¿Cómo te sientes cuando alguien te expresa amor o cuidado? • ¿Cómo te sientes cuando las personas expresan amor hacia ti? ¿Cómo respondes a la persona que lo hace? • ¿Compartiste algo de vuelta cuando te compartió eso? ¿Tuviste ganas de hacerlo, pero no estuviste seguro de hacerlo?	• Cuando te lo compartí, ¿quisiste hacerlo de vuelta? • ¿Cómo te sientes cuando te digo lo que me agrada de ti? • ¿Cómo te sientes cuando te expreso aprecio? ¿Puedes dejar que mis palabras te toquen? • ¿Cómo se siente decirme "gracias"? • ¿Cómo se sentiría decirme la forma en que te he sido de ayuda? • ¿Qué tan cerca y conectado te sientes de mí? ¿Cómo se sentiría decírmelo por completo? • ¿Qué tanto significo para ti? ¿Es difícil expresarme esto?

Capítulo 5:
La formulación de caso clínico

Participar de la evaluación psicológica es un gran acto de valor por parte de los consultantes. En nuestra cultura, revelar experiencias privadas y admitir necesitar ayuda usualmente tiene como consecuencia el recibir juicios, malentendidos o rechazo. El terapeuta necesita reconocer esta vulnerabilidad y aprovecharla como una oportunidad para reforzar este acto a través de la comunicación de respeto, y evocar confianza a través de la colaboración. Elegimos iniciar este capítulo con esta idea de Villatte, Villatte y Hayes (2016); que por cierto hemos modificado ligeramente para que sea compatible con nuestro lenguaje de FAP, porque el presente capítulo describe procesos técnicos y puede fallar en transmitir la actitud de sensibilidad necesaria para construir un espacio sagrado que permita que la evaluación y formación de caso de la FAP se desarrolle apropiadamente. A lo largo de la lectura de este capítulo procure tener en mente el párrafo anterior y permítase imaginarse teniendo esta actitud mientras se realiza la evaluación clínica, imagine que la evaluación clínica es un proceso en conjunto donde terapeuta y consultante se involucran en un acto de ampliación de consciencia colaborativo que involucra un constante ejercicio de valor por parte del consultante y un constante ejercicio de amor por parte del terapeuta. La finalidad de la valoración clínica no solamente es obtener información que permita formular un caso, sino también crear un contexto de intimidad, de confianza entre las partes involucradas.

5.1. El proceso de evaluación clínica.

La evaluación clínica no es algo que el terapeuta hace al consultante, sino un proceso colaborativo. Idealmente, este proceso es terapéutico en sí mismo, pues permite desarrollar o fortalecer habilidades importantes para lograr los objetivos del consultante, independientemente de los que estos sean. Específicamente, la evaluación implica la descripción, no sentenciosa, de las experiencias y acciones del consultante, así como de los contextos relevantes para su ocurrencia y mantenimiento, y de forma paralela implica el fortalecimiento de una visión flexible del sí mismo, un sí mismo que permanece intacto a pesar de que se mueva a lo largo de diversas situaciones, el tiempo y las experiencias, un sí mismo libre de elegir sus acciones y que es arquitecto de su destino.

El practicante de FAP debe tener esto en mente y reconocer que estas CCR2s y CCR3(2) pueden estar poco fortalecidas en el consultante y que el proceso de evaluación requiere paciencia y muchas veces una atención específica al desarrollo de estos repertorios como proceso de la evaluación. De esta forma, el proceso de evaluación es una oportunidad para el análisis del comportamiento del consultante en tiempo real, incluso si éste está describiendo situaciones que ocurren fuera de la sesión, es una oportunidad para contactar contingencias e identificar equivalencias funcionales (paralelos) entre las ORs y las CCRs.

Durante este proceso, el terapeuta debe facilitar la discusión sobre la naturaleza misma del proceso de evaluación y permitir la discusión sobre su ritmo, las experiencias que se evoquen naturalmente durante la misma y ser transparente sobre sus intenciones e hipótesis sobre los paralelos ORs y CCRs. A continuación, mostramos un ejemplo adaptado de la manera en que el primer autor describe y explica la utilidad del análisis funcional a sus consultantes:

> *La manera en la que yo analizo lo que ocurre con mis consultantes es mediante un análisis funcional. Analizar funcionalmente nuestra conducta es identificar la forma en que el contexto le influye; relacionar condicionalmente*

Recuerde que la evaluación es colaborativa y, por esa razón, es flexible e ideográfica; difícilmente es efectivo presionar
al consultante para recolectar una gran cantidad de datos con
la finalidad de "tener una impresión diagnóstica" o "crear un
plan de trabajo", la función del comportamiento es dependiente
del contexto y la historia de aprendizaje particular, solamente
observando el efecto de un comportamiento en las situaciones
relevantes se identifica su función, y solamente observando múltiples ejemplos de comportamientos diferentes se identifican
aquellos de función equivalente, de forma que se pueden ordenar en clases funcionales.

1. En relación al proceso de la formulación de caso, esta
   tiene cuatro etapas básicas:

2. Identificar el motivo de consulta. No importa si es una
   conducta problema o una meta.

3. Definir conductualmente el motivo de consulta. Topo-
    gráfica y funcionalmente.

4. Definir las metas del tratamiento, o los obstáculos si es
    que lo primero que se presentó fue una meta.

5. Identificar CCR y ORs.

A continuación, describiremos el proceso del análisis funcional y la forma en que este se constituye como la herramienta de análisis básica que permite pasar por estas etapas.

5.2. El análisis funcional.

La identificación del motivo de consulta es relativamente sencilla, usualmente se identifica preguntando ¿cuál es la razón por la que acude usted a sesión en este momento de su vida?, incluso si el consultante es referido por otra persona, como sus padres o una institución, el motivo de consulta puede indagarse e identificarse con relativa facilidad, p.ej. "que mis padres dejen de presionarme para hacer cosas que no quiero", "dejar de tener problemas legales o mantenerme fuera de la cárcel", "ser más productivo en el trabajo" o "lidiar con mi enfermedad de la mejor manera". Una vez que terapeuta y consultante han definido colaborativamente el motivo de consulta, el siguiente paso es evaluarlo conductualmente.

La evaluación clínica conductual es notablemente diferente de la evaluación diagnóstica psicológico-psiquiátrica tradicional. Desde la perspectiva diagnóstica, el objetivo de la evaluación implica identificar un conjunto de síntomas y asignarles una etiqueta acorde a las categorías definidas por los sistemas de clasificación diagnóstica existentes, p.ej. los publicados por la asociación psiquiátrica americana (DSM) o la organización mundial de la salud (CIE). En contraste, las metas de la evaluación conductual son: a) la *definición topográfica* de los comportamientos de interés, es decir el motivo de consulta del consultante, en las siguientes dimensiones: forma(s), duración, intensidad, y frecuencia; y b) el *análisis funcional*, identificar las variables contextuales que la perpetúan. Recordará del capítulo 1 que la topografía de una conducta es su forma o aspecto, así el análisis topográfico de una conducta consiste en describir, lo más concretamente posible, los elementos que le conforman. La evaluación funcional consiste en realizar hipótesis sobre la relación de la conducta entre sus antecedentes y consecuencias, entre los estímulos discriminativos los reforzadores positivos o negativos (a corto y largo plazo).

Por ejemplo, si desea definir topográficamente la conducta a la que un consultante llama "obsesividad", lo primero que desearía es preguntar *"¿a qué se refiere con obsesividad?"*, es decir *"¿cómo se siente y se ve la obsesividad?"*, y si *"¿siempre se ve de esa manera la obsesividad? o ¿ésta puede observarse de diferentes maneras dependiendo de la situación?"*. Supongamos que después de indagar, su consultante describe formalmente la obsesividad como el pensamiento de que algo muy malo va a pasar si el no cuida el orden de las cosas, aceleración del ritmo de su corazón, sudoración en las palmas de las manos, sensación de pesadez en la cabeza, tensión muscular, dejar de hablar, y manipular objetos ordenándolos por colores, formas y tamaños, estos solo lo hace si está solo ya que si está acompañado lo hace mentalmente, también acostumbra llamar por teléfono o por mensaje a sus familiares y compañeros de trabajo para que se aseguren de que las cosas están ordenadas si es que él no está con ellos.

Para identificar la duración, intensidad o frecuencia usted podría preguntar directamente por el tiempo que el consultante pasa llamando a otras personas, ordenando objetos o visualizando mentalmente el tener las cosas en orden. Para identificar la intensidad, puede preguntar por el costo que esto tiene en sus actividades cotidianas, por ejemplo, preguntando *"¿qué cosas está dejando de hacer por dedicar tiempo a ordenar objetos?"*, o preguntar por los efectos indeseables *"¿qué impacto tiene en las demás personas estas acciones?"*, y para identificar frecuencias puede indagar por la cantidad de veces que estas acciones se presentan en un día o semana. Supongamos que en el caso de nuestro consultante nos damos cuenta de que puede pasar hasta 15 minutos ordenando cosas manualmente hasta que finalmente se cansa o le resulta urgente realizar otra actividad, que ordenar mentalmente es algo que hace durante unos segundos pero que constantemente lo hace con diferentes objetos a lo largo del día, que la frecuencia notada de las llamadas y acciones de orden manual es de un promedio de 5 a 7 veces al día, y que la frecuencia notada del "orden mental" es de alrededor de 20 veces por día; hablando de la intensidad identificamos que la realización de estas actividades impide que llegue a tiempo a sus compromisos laborales y personales, y discusiones con las personas por su dificultad para ayudarlo.

Usualmente el consultante tiene más de un motivo de consulta, por estas razones sugerimos iniciar preguntándole al consultante por los problemas principales que desearía tratar en terapia, jerarquizarlos en orden de importancia, continuar definiéndolos topográficamente y después analizar funcionalmente diversos ejemplos de ocurrencia del más importante en la jerarquía al menos relevante. Sugerimos encontrar un patrón del primer problema antes de continuar con el segundo. En nuestra experiencia los problemas del consultante están relacionados y el análisis de ocurrencia de ejemplos de uno da mucha información sobre las variables que mantienen el resto, por esa razón le sugerimos empezar por el problema más importante y comentar hipótesis de las variables mantenedoras del resto cuando estas vayan emergiendo, sin embargo, le sugerimos mantenerse concentrado en el primer problema y no desviarse de este al establecer su relación con el resto.

La evaluación funcional se refiere a identificar la función de la conducta en el contexto en que ocurre (ver capítulo 1). Las funciones pueden ser múltiples ya que el contexto es inmensamente complejo, por esta razón hemos simplificado el análisis y nos concentramos en identificar la forma en que la conducta funciona para alejarse (evitar o escapar) de experiencias y situaciones indeseadas (aversivas) y para acercarse a sus metas (valores, deseos o preferencias), ambas consecuencias se analizan a corto y largo plazo, y en tantas dimensiones de la vida del consultante como sea posible con la finalidad de identificar las funciones de su comportamiento respecto a su experiencia interna (eventos privados) como en el contexto más amplio de lo que es importante en su vida a través del tiempo (sus valores).

El formato 5.1 puede utilizarse como una guía para describir ocurrencias y evaluar (topográfica y funcionalmente) el comportamiento indeseado del consultante en diferentes instancias. En este sentido es importante aclarar que la descripción de una ocurrencia del comportamiento no implica un análisis funcional sino el análisis de una *instancia* de comportamiento, el proceso de *evaluación funcional conductual* es el acto de realizar múltiples análisis de estas ocurrencias en diversidad de contextos hasta que pueden identificarse patrones claros respecto al tipo de antecedentes y consecuencias del comportamiento indeseado (en sus diferentes formas); en nuestra experiencia clínica estos patrones se identifican claramente después de un par de horas de evaluación (incluso si los problemas que se desean analizar son muchos, ver la consideración sobre múltiples problemas más adelante). Se dice que se ha hecho un *análisis funcional del comportamiento*, cuando usted ha identificado un patrón claro de las clases de estímulo antecedente y de consecuencias que se relacionan al comportamiento, dicho de otra forma: *el análisis funcional está completo cuando el terapeuta y consultante han identificado la función de la conducta en el contexto en que ocurre.* Podría decirse que el análisis funcional procura determinar en qué condiciones se lleva a cabo una conducta y para qué.

El análisis descrito no ha finalizado si no se tiene una descripción topográfica y funcional de la conducta alternativa deseada, le sugerimos preguntar al consultante por las "metas" de tratamiento al empezar a identificar patrones funcionales, ya que no es hasta que estos patrones son evidentes que el consultante tiene un panorama más amplio de su problema, sus efectos y la viabilidad de las alternativas contempladas. Ahora bien, existe la posibilidad de que el motivo para acudir a terapia del consultante esté relacionado con el cumplimiento de metas, p.ej. "ser más disciplinado" o "explotar al máximo mis habilidades de liderazgo", en estos casos sugerimos iniciar definiendo conductualmente la meta y posteriormente realizar un análisis funcional de las situaciones donde los comportamientos deseables deberían de presentarse y no lo están haciendo de forma persistente, este análisis permitirá identificar obstáculos para el logro de la meta que no se tenían identificados anteriormente.

La evaluación conductual es un proceso continuo, que se extiende durante toda la intervención, pues - estrictamente hablando – el análisis descrito no finaliza en un momento dado, sino que se realiza durante toda la FAP. Dicha evaluación se realiza con la finalidad de valorar la eficacia de la intervención y la forma en que eventos extraños o los efectos mismos de la psicoterapia pudieran estar impactando el progreso hacia las metas del consultante. En ocasiones, también las hipótesis funcionales sobre la conducta pueden modificarse a lo largo del tiempo.

a. Tenga en consideración los siguientes puntos, adaptados de Barraca (2014), para evaluar su proceso de análisis conductual:

b. La evaluación conductual es específica. Se centra siempre en conductas particulares.

Las conductas problema deben describirse y registrarse de forma tan minuciosa como sea posible.

Situación (Situación que motivó la conducta a analizar, por ejemplo. reacciones de una persona, estar solo, etc.)	Experiencia (Malestar: Pensamientos, sensaciones, sentimientos, impulsos indeseados)	Acciones (Conducta observable a analizar)	Consecuencias Corto Plazo (Efectividad para aliviar tu malestar, impactos en la situación, y efectividad para acercarte a lo que te es importante)	Consecuencias Largo Plazo (Efectividad para aliviar tu malestar, impactos en la situación, y efectividad para acercarte a lo que te es importante)

a. La evaluación conductual incluye siempre unas metas de intervención. Por tanto, no concreta únicamente cuáles son las conductas problema que deben modificarse, sino también cuáles son las conductas objetivo que suponen el éxito de la intervención.

b. El estudio de caso único (orientado por la formulación de caso y no por un diagnóstico) es el deseable en la evaluación conductual.

c. Durante el registro de las conductas problemáticas, se procura dejar claro su variabilidad, su intensidad, su frecuencia o tasa, su duración, su latencia o su calidad. Este tipo de evaluación de las conductas problema se denomina análisis topográfico.

d. La parte más importante de la evaluación conductual consiste en establecer qué variables contextuales mantienen las conductas problema. Esta modalidad de la evaluación se conoce como análisis funcional de la conducta.

e. La elección de las técnicas que se emplean en modificación de conducta deriva directamente de la evaluación funcional, aunque debe estar informado en la investigación empírica sobre la eficacia de diversas estrategias de tratamiento para lograr efectos específicos en problemas concretos.

f. Las intervenciones se consideran eficaces cuando los procedimientos implementados revelan que se han producido los cambios esperados en las conductas problemáticas y el sujeto exhibe ya las conductas meta. Además, estos cambios deben mantenerse en el tiempo, por lo que también debe definirse el tiempo por el cual se observará la duración de los impactos.

g. El método fundamental para la recogida de datos que posibilita la evaluación conductual es la observación, en la FAP esto se logra mediante la definición y evaluación de las CCR. Para evaluar las ORs el terapeuta FAP hace uso de estrategias de autoobservación o en la observación de otras personas.

h. Un programa de modificación de conducta consta de al menos cuatro fases: 1) fase inicial de recogida de información; 2) fase de línea base (establecer una estimación sobre la frecuencia, duración e intensidad del problema); 3) fase de intervención o tratamiento; y 4) fase de seguimiento (que incluye evaluar el logro de metas y su mantenimiento después de un tiempo estipulado colaborativamente entre consultante y terapeuta). En el caso de la FAP, estas fases se traslapan (ver capítulo 4).

Al realizar la evaluación, el terapeuta usualmente debe concentrarse en el análisis funcional de las ORs del consultante, sin embargo deberá estar pendiente de conductas funcionalmente equivalentes que ocurran dentro de la sesión, esto le permitirá introducir oportunamente el concepto de CCRs al consultante, presentarle la naturaleza del tratamiento y analizar funcionalmente las CCR para ampliar el análisis funcional y desarrollar una conceptualización de caso (para más detalles puede volver a revisar el capítulo 4). Sugerimos que se introduzcan las CCRs al consultante cuando su ocurrencia sea muy evidente y pueda analizarse claramente su ocurrencia, de esta manera se favorece su discriminación como un proceso importante a atender en el tratamiento; asimismo, el análisis de ocurrencias de CCRs establece el contexto perfecto para presentar los supuestos de FAP al consultante al ir finalizando el proceso de evaluación.

5.3. Conductas clínicamente relevantes.

Al definir conductualmente los problemas o "motivo de consulta" del consultante, se ha realizado la descripción de lo que se conoce como OR en FAP. Una vez que el terapeuta les ha definido es importante que identifique conductas funcionalmente equivalentes que sucedan naturalmente durante la sesión terapéutica, dichas CCRs pertenecen a la misma clase funcional de respuesta que las ORs y por lo tanto pueden considerarse como conductas que alejan al consultante de sus objetivos (CCR1s) o que le acercan a cumplirlos CCR2 (ver capítulo 2 para una descripción más detallada de las ORs y CCRs).

Idealmente, las CCRs se definen ideográficamente, es decir que se elaboran a partir del motivo de consulta y metas del consultante, y se describen en su propio lenguaje. No obstante, a largo de la historia de la FAP se han intentado definir diversos tipos de CCRs con la finalidad de auxiliar a sus practicantes en el proceso de observación y definición de los objetivos del tratamiento. Las categorías o tipos de CCR descritas no hacen una referencia exclusiva a CCRs, se refieren también a las ORs y de ser definidas como problemas o metas de tratamiento deben ser consideradas como tipos de conducta que se presentan en las dos arenas del contexto terapéutico.

Al leer las siguientes categorías le invitamos a pensar en algún cliente con quien esté trabajando o incluso en usted mismo, de esta forma puede ayudarse a imaginar las diversas topografías y funciones que estos comportamientos pueden tener en su consultante, aun así, le animamos a tratar de considerar otro tipo de CCRs que sean relevantes en el caso en que se encuentre pensando y que pudieran no estar siendo consideradas en este espacio. Por último, le invitamos a pensar en las diferentes palabras que su consultante usa para hacer referencia a estas clases de comportamiento.

5.3.1 Los eventos privados como conductas clínicamente relevantes.

Como se mencionó en el capítulo 1, desde una perspectiva conductual contextual todo lo que hace el organismo es conducta y, por lo tanto, puede ser clínicamente relevante. Esta aseveración puede resultar bastante lógica y congruente para un clínico entrenado en el análisis conductual pero no tanto para un terapeuta que carece de dicho entrenamiento, esto es especialmente cierto cuando hablamos del papel que tienen los eventos privados en FAP. Por esa razón decidimos iniciar el presente apartado con una descripción sobre las implicaciones que dichos tipos de comportamiento tienen para la práctica de la FAP.

Pensamientos. En la FAP, como terapia conductual, se rechaza la utilidad de suponer la existencia de "estructuras cognitivas" y que estas representen una explicación del comportamiento observable u otros eventos privados (ver capítulo 1). Los procesos mentales o *eventos privados* se consideran conductas bajo el control de estímulos antecedentes y consecuentes, aunque al mismo tiempo puedan tener funciones discriminativas o elicitadoras; siendo así, los eventos privados ciertamente pueden influir sobre lo que uno siente y hace. Dicha relación está dada por la historia de aprendizaje del sujeto y no es mecánica. Siendo así, es posible que, dependiendo de la situación, un consultante muestre cadenas de comportamiento donde se muestre la secuencia *pensamiento-emoción-acción*, *emoción-acción-pensamiento* o *pensamiento-acción-emoción* (Kohlenberg & Tsai, 1991). Independientemente de la secuencia, no existe una relación causal o mecánica entre esta respuesta sino una condicionada.

Por esta razón, en la FAP no se le da al "pensamiento" un estatus diferente del que pueda dársele a cualquier otro tipo de comportamiento, sin embargo, se considera el hecho de que es clínicamente relevante por la influencia que tiene en el logro de objetivos del consultante y la forma en que se vive el mundo, por ser "psicológicamente relevante". En este sentido, elaboramos la siguiente lista de CCR1 a considerar por el evaluador FAP:

1. *Déficits de razonamiento y solución de problemas.* Este es un problema en la relación *decir-hacer* que impide la elaboración de reglas que se traduzcan en acciones efectivas para la consecución de objetivos, está direc-

tamente relacionado con las dificultades para tactar (describir) el propio comportamiento y sus contingencias (ver tacto, más adelante).

2. *Dar justificaciones* de forma que se persiste en el seguimiento de reglas inefectivas para lograr los propios objetivos. Este tipo de verbalizaciones *"hacer-decir"* tienen como consecuencia un sentido de coherencia, de tener razón o de hacer lo correcto que enmascaran las consecuencias aversivas del propio comportamiento. P.ej. "les grito a todos porque es la única forma de darme a respetar en esa casa". Estas justificaciones dificultan el tacto de las contingencias a corto y largo plazo del propio comportamiento, y con frecuencia funcionan como un mando que influye en otras personas para retirar sus demandas de cambio, p.ej. "escapar de la realidad es la única forma de aliviar mi sufrimiento".

Las CCR2 a desarrollar para corregir estos problemas tienen que ver con el incremento de sensibilidad al contexto y el desarrollo de una *coherencia funcional*, esto implica el rastreo de las contingencias de las acciones en el ambiente y la verificación de la funcionalidad del seguimiento de reglas a partir de su efectividad. En la jerga de FAP, esto es el moldeamiento de CCR3(2).

Emociones. Entendemos como emociones a un estado del organismo que resulta de una causa ambiental, una especie de efecto colateral de un estímulo ambiental que resulta en una respuesta específica; siendo la presencia de la respuesta lo que la distingue de una sensación (Skinner, 1974, 1977).

Las emociones son elicitadas por la presencia de un estímulo apetitivo o aversivo que les provoca, y que altera las funciones de los estímulos temporalmente. Por ejemplo, observar que su hogar se incendia resultaría aversivo para la mayoría de las personas, de forma que la exposición a ese estímulo no solamente evocaría respuestas orientadas a la evitación o control del evento, sino que también alteraría temporalmente la reactividad de la persona a los estímulos aversivos; en otras palabras, la presencia de una amenaza hace que una persona sienta miedo, y parte de la experiencia de miedo es la predisposición a interpretar como amenazantes los estímulos del entorno. Así, pareciera que las emociones son funcionalmente similares o bien topografía específica de una operación de establecimiento (Lewon & Hayes, 2014).

Desde FAP, esto tiene varias implicaciones. Las emociones no se consideran causas de la conducta y si el consultante las considerara de esa forma, eso representaría una CCR3(1), y los objetivos del tratamiento serían el desarrollo de CCR3(2). Entender a las emociones y estados de ánimo como un estado que retroalimenta sobre la ocurrencia de un suceso relevante para los propios intereses, permite que su reconocimiento evoque la discriminación de las contingencias que orienten una respuesta efectiva, en palabras de Marsha M. Linehan (2015), las emociones nos informan, nos motivan a la acción, comunican a otros y les influyen para hacer algo por nosotros. En consecuencia, la dificultad o evitación de la experiencia y expresión de sentimientos podrían constituir una CCR1 si tiene como consecuencia la dificultad para resolver problemas, identificar y actuar para lograr objetivos y metas, o bien dificulta la comunicación con otras personas. Estas dificultades caracterizan a las dificultades de regulación emocional y pueden traer como consecuencia su desregulación, un problema tan común y extendido para considerarse transdiagnóstico en la literatura psicológico clínica actual (Leahy, Tirch & Napolitano, 2011). La identificación, validación y expresión de emociones de una forma congruente con el contexto son CCR2s bastante comunes en terapia.

Recuerdos. Recordar es el acto de experimentar estímulos que no están presentes en el momento presente, pero con los que se hizo contacto en el pasado, y resulta de la exposición a estímulos asociados con el hecho original. Los recuerdos clínicamente relevantes están, usualmente, asociados con un hecho traumático, profundamente doloroso (aversivo), o a la privación de una necesidad (de una clase de reforzadores específicos). No obstante, la presencia del recuerdo no es la CCR1 sino el acto de evitar los elicitadores o la experiencia de dicho evento privado (Valero

Aguayo & Ferro García, 2015). La capacidad para experimentar los recuerdos y validarlos puede constituir una CCR2s si permite exponerse o sensibilizarse nuevamente a situaciones y actuar de forma que se favorece la mejora del funcionamiento cotidiano; o permite identificar contingencias que orienten respuestas congruentes con los propios objetivos. Como ejemplo, imagine a una consultante que ha sobrevivido a una agresión sexual y que ha dejado de usar el transporte colectivo, impide el contacto físico con su pareja, y evita mirar su cuerpo y pensar sobre si misma porque esto le recuerda el evento.

5.3.2 Conducta verbal interpersonal.

Desde FAP, el comportamiento verbal entre consultante y terapeuta se analiza acorde a su función y no de su forma. Desde esta perspectiva, el comportamiento verbal se entiende como una transacción entre un hablante y un escucha, y la conducta verbal del hablante es clasificada por las contingencias que la controlan. Como se describió en el capítulo 1, en la FAP es de particular importancia la discriminación del *tacto* y el *mando*.

Tacto. Un tacto es un tipo de conducta verbal controlada por la presencia de un estímulo que discrimina su aparición, el tacto es el acto de "contactar verbalmente con un evento, público o privado, y sus características". Coloquialmente, se puede decir que "tactar" es equivalente a nombrar, lo cual es relevante desde una perspectiva conductual contextual porque permite describir relaciones funcionales entre la conducta y sus contingencias, favoreciendo la sensibilidad al contexto y la coherencia funcional (es la base de la CCR3(2)).

El tacto de los eventos privados se desarrolla por el interés de la comunidad verbal en que uno pueda notar y enunciarlos, así, surge el autoconocimiento como contacto con uno mismo, o "auto-tacto". Por ejemplo, si un niño se cae sobre la rodilla y se la toca mientras llora, será común que los adultos le digan "duele", mientras le señalan la rodilla, en otra ocasión le podrían preguntar si siente hambre cuando escuchen su movimiento intestinal y vean que es "hora de comer", o bien se le puede instruir al niño para que reporte su conducta de "estoy jugando", mientras mueve un coche de juguete. A los adultos les interesa que los niños den cuenta de sus eventos privados para saber que esperar o como relacionarse con ellos en un momento específico.

El tacto es preciso cuando implica una descripción de un evento, y es impreciso o distorsionado si implica un juicio o interpretación que se confunde con el estímulo tactado. Así, por ejemplo, "siento tristeza" o "me miras fijamente" son ejemplos de descripciones, mientras que "me siento fatal" o "me estás juzgando" son ejemplos de juicios o interpretaciones. Como ya se mencionó, un tacto preciso es importante para la FAP porque es la base del rastreo de contingencias que permite desarrollar CCR3(2), mientras que el tacto impreciso da lugar a CCR3(1). El tacto preciso o impreciso es relativamente fácil de evaluar y conceptualizar como una CCR, bastará con identificar si el consultante describe los eventos públicos y privados, se le dificulta describirlos o bien los confunde con sus propias experiencias. Las CCR2s a desarrollar en este sentido son la distinción entre descripciones e interpretaciones, y entre experiencias internas y estímulos externos.

Una situación terapéutica a la que el terapeuta FAP deberá estar atento es la ocurrencia de un habla en "doble sentido", esto se debe a que el tacto puede tener varias fuentes de control y a que el lenguaje es analógico por naturaleza, de esta forma un tacto puede significar más de lo que aparenta. Por ejemplo, el consultante puede hablar de lo autoritario que es uno de sus familiares a partir de que el terapeuta ha hecho un comentario sobre lo importante que es respetar el contrato terapéutico; en estos casos será necesario que el terapeuta señale el evento y realice un análisis funcional junto con el consultante, de forma que puedan identificar las contingencias que gobiernan esta "indirecta" y ayudar a desarrollar descripciones más precisas que ayuden a la comunicación. Una segunda complicación implica el disfrazar un mando de tacto.

Mando. El mando es una conducta verbal reforzada por una consecuencia dada por el escucha. Mandar es "pedir", solicitar, preguntar, etc. Los mandos pueden ser directos (explícitos) o indirectos (implícitos), en la FAP, los mandos implícitos se llaman "mandos disfrazados" y usualmente tienen forma de descripción; "me siento solo" puede ser tanto una descripción como una petición de cercanía del consultante hacia el terapeuta. Dependiendo de la cultura, un mando disfrazado puede ser una forma sutil o educada de pedir algo, sin embargo, también puede representar un déficit de asertividad que dificulte la satisfacción de las propias necesidades o incluso dificulte la comunicación, cercanía e intimidad entre dos individuos. Las funciones de tacto y mando no son antagónicas, sino que pueden presentarse de manera simultánea, sin embargo, no siempre esto es tan claro y el terapeuta debe tener el valor de preguntar directamente por las funciones del comportamiento verbal del consultante o compartir sus hipótesis funcionales sobre él cuando sus funciones no son claras. Considere el ejemplo de un consultante que dice: "estoy pensando en tomarme un largo descanso" y que en realidad quiera decir "pienso suicidarme y necesito que me ayudes". En nuestra experiencia clínica, hemos encontrado que, con frecuencia, las expresiones de "autodesprecio" y "aflicción" son mandos disfrazados. Las CCR2s a desarrollar en estos casos son el desarrollo de tactos directos efectivos, en un lenguaje psicológico común implican el desarrollo de la asertividad.

5.3.3. El Yo como CCR.

Desde una perspectiva conductual contextual, el "Yo" como pronombre personal posibilita la emergencia del yo como experiencia psicológica del "Ser" (o del Self), experiencia que tiene tres dimensiones básicas, se refiere tanto a la identidad, como cuando se expresa "yo soy..." o "yo me caracterizo por..."; al sujeto de acción , como en "yo estoy haciendo..", yo pienso..." o "yo estoy sintiendo..."; y al centro o "locus" de la experiencia y el autocontrol, como cuando se es consciente de estar notando la experiencia de los eventos públicos y privados, y por lo tanto en la posibilidad de elegir a qué y cómo se reacciona hacia ellos (ver Skinner, 1953, 1974, 1989;).

Desde la FAP (Kohlenberg & Tsai, 1991; Kanter, Parker & Kohlenberg, 2001), el Yo surge como unidad funcional y lugar de la experiencia, es decir como "perspectiva", a partir de la capacidad de tactar la propia conducta, note la diferencia entre el tacto "una manzana" al autotacto "estoy viendo una manzana". Como mencionamos en el apartado anterior, la comunidad verbal establece el contexto que facilita la emergencia de este repertorio cuando indagan al individuo por su experiencia, p.ej. "¿qué estás viendo?", "¿estás poniendo atención?", "¿qué quieres?", etc. Este Yo como unidad funcional de perspectiva surge a lo largo de tres etapas. En la primera etapa, el niño desarrolla unidades grandes como yo quiero helado, yo miro al perro, etc., en las que el yo, el acto y el objeto al que se refiere la oración no están diferenciados, es decir que cuando el niño enuncia el mando "yo quiero un juguete" lo dice como una sola frase sin distinguir las unidades de las que se compone. Tras ensayar este tipo de respuestas en múltiples ejemplos se abstraen unidades funcionales más pequeñas (p.ej. "yo veo", "yo siento", "yo quiero", etc.). La abstracción de estas unidades surge a partir de que el niño puede querer un abrazo, una muñeca, un helado, a su mamá, o cualquier otra cosa, al enunciar estos tactos o mandos en diversos contextos y ante diversos objetos, el "yo quiero" (por ejemplo) es constante, aunque el objeto deseado varía, esto es lo que permite que el "yo quiero" surja como una unidad funcional más pequeña y que se distingue de lo deseado. En la tercera etapa emerge la unidad Yo que es más simple y continua, en la cual se nota que el Yo que desea, siente, piensa, etc. siempre es el mismo independientemente de con quién se está, lo que se experimenta y el momento en que se ubica. Cuando surge este autotacto del Yo, también lo hace la experiencia del yo como un lugar desde el que se experimenta y se elige actuar.

Para que las unidades funcionales "Yo experimento X", "Yo X" y "Yo", emerjan, deben ser reforzadas por la comunidad verbal, de forma tal que no solo surjan, sino que lo hagan bajo el control de un estímulo adecuado. Por ejemplo, se espera que el tacto "veo un perro" se refuerce en presencia del perro y no de un gato; y eventualmente que el niño diga "tengo hambre" cuando efectivamente haya pasado un tiempo privado de alimento y no cuando sienta ansiedad como respuesta a haber olvidado un juguete en la tienda. Esto no resulta tan difícil cuando los estímulos tactados son públicos, la mayoría de las veces basta que la comunidad verbal discrimine la ubicación de la mirada del niño o a donde señala con el dedo para saber si su verbalización está bajo el control del estímulo adecuado (es decir, cuando el tacto es preciso), el problema es que los estímulos que controlan la experiencia del Yo no son públicos y por lo tanto es más difícil para la comunidad verbal distinguir si el tacto está bajo el control del estímulo apropiado. De hecho, la comunidad verbal se basa en estímulos públicos para dar validez a los eventos privados tactados por el niño, p.ej. el tacto "tengo comezón" se refuerza con atención si el niño muestra enrojecimiento en la piel, o se refuerza el tacto "tengo hambre" si lo dice en presencia de alimento cuando ya casi es la hora en que come, o el tacto "me siento solo" se refuerza con cercanía si el niño lo dice después de que se ha llegado tarde a recogerlo en el colegio. Con el tiempo, la validez de las experiencias del niño se reconoce solamente por los correlatos físicos de la respuesta, por ejemplo, cuando dice me duele el estómago y tiene su mano sobre el abdomen, o dice estoy enojado y tiene fruncido el ceño, y así sucede hasta que eventualmente se valida la experiencia del niño solo porque el niño lo reporta, se podría decir que el niño ha ganado credibilidad después de una historia que demuestra que sus tactos corresponden con los hechos. Habrá notado que la validación de lo que experimenta una persona nunca llega a ser total, incluso, en la cotidianeidad es común que las personas validen lo que otra piensa, aunque no estén de acuerdo con lo que piensa, es decir que reconocen que "lo piensa" aunque no reconozcan como válido "lo que piensa". Afortunadamente, para la emergencia del Yo, no resulta absolutamente necesario que la comunidad verbal esté de acuerdo con lo que el sujeto nota experimentar, basta con que reconozcan que está notando una experiencia (y que el autotacto del Yo sea reforzado en multitud de situaciones en diversos contextos y tiempos).

Desde la FAP, los trastornos del yo se conciben a partir de las dificultades en su emergencia como unidad funcional de la experiencia, y se conceptualizan en un continuo de "gravedad" dependiendo del grado de control que los eventos privados o públicos ejercen sobre su tacto. En general, una historia de invalidación de la experiencia (por que se ignora o castiga el tacto de la misma) sería el antecedente de estos problemas, y la gravedad de estos estaría determinada por su frecuencia e intensidad. Imagine el siguiente ejemplo, una niña y su madre están en una tienda y la niña ve una muñeca y le dice a la madre "quiero una muñeca", y la madre la mira fijamente y le dice "tú lo que quieres es volverme loca", "¿Qué no ves que el dinero no crece en los árboles?", suponga que este ejemplo se repite en diversas ocasiones y de diversas formas, digamos que la niña se cae y comienza a llorar, y que su hermano la ve y le dice "ni te ha de haber dolido, no es para que hagas tanto escándalo", múltiples ejemplos de este tipo no solo desanimarán (extinguirán) el acto de tactar las propias experiencias, sino que pueden resultar en que la propia experiencia se vuelva aversiva y en que la niña comience a orientarse más en las respuestas de los demás para determinar sus propios deseos, preferencias o necesidades, suponga ahora que la niña ve que la madre se pone un suéter y le dice "hace frío ¿verdad mamá?", lo que da lugar a que la madre la tapé y le diga "si, es verdad". Un Yo bajo control público implica que el Yo como identidad, sujeto de acción y lugar desde el que se experimenta está controlado por los estímulos del ambiente y las demás personas, y no por los eventos privados, y el origen de esta respuesta está en la historia de reforzamiento que ha favorecido este comportamiento en vez de la alternativa antes descrita.

Las dificultades en la experiencia del Yo como CCR1 pueden detectarse cuando al consultante tiene dificultades para decir "yo" como inicio de una acción verbal, como cuando dice "la gente usualmente opina..." en vez de "yo opino", cuando tiene dificultades a responder preguntas sobre sus sentimientos o ideas, sea que responda "no sé", que parezca buscar la respuesta sin encontrarla, que experimente incertidumbre por no saber la respuesta correcta, o que responde a estas preguntas con otra pregunta o pidiendo ejemplos para saber que responder. Otra forma de identificar estos problemas es cuando el consultante parece siempre estar genuinamente de acuerdo con lo que opinan, sienten o piensan los demás, o bien si se muestra automática y generalizadamente en desacuerdo sin poder dar razón del porqué. Una buena forma de indagar sobre este tipo de CCR1s es preguntar al consultante si tiene una opinión (o está sintiendo algo) pero teme expresarse ante el terapeuta o los demás, o si siente como si estuviera en blanco, con este tipo de preguntas buscamos distinguir un problema de poca asertividad donde sí se sabe lo que se experimenta, pero no se expresa, de un problema de yo inestable.

Otros ejemplos más claros son que el consultante reporte sentirse vacío en ausencia de otras personas, que siente que es una persona diferente dependiendo de con quién está, que exprese tener que identificar lo que los otros desean para definirse a partir de lo contrario, sentirse inexistente si no obtiene reconocimiento o afecto, cambiar constantemente de identidad, tener múltiples personalidades donde cada una de ellas ignora la presencia de las otras, o bien experimentar sus eventos privados como si fueran públicos (piense en un consultante que experimenta sus propios pensamientos como si fueran mensajes que le son implantados por un tercero), o bien si experimenta los estímulos públicos como eventos privados (el caso de un consultante que al mirar el reloj dice sentir que comenzará a sentir a su corazón decirle tic tac, tic tac). Evidentemente, este tipo de problemas más "graves" se han descrito en los manuales diagnósticos y la literatura sobre psicopatología como síntomas de diversos trastornos de personalidad o psicosis, y se ha investigado la existencia de correlatos físicos que permitan tratarlos bioquímicamente. Sin ignorar ese abordaje, como terapeutas de la FAP nos ocupa ayudar a los consultantes a fortalecer su capacidad de tactar sus eventos privados, y fortalecer su Yo como identidad, sujeto de acción y experiencia de perspectiva como CR2s. De manera genérica, esto puede lograrse reforzando sistemáticamente cualquier enunciación del tipo "Yo X" que presente el consultante y animándolo gradualmente a ensayar hacer estas enunciaciones de forma espontánea en otros contextos, el uso de ejercicios de asociación libre y de mindfulness (Kohlenberg, Tsai, Kanter & Parker, 2009), o preguntas del tipo ¿quién se da cuenta de ese sentimiento?, ¿y la persona que opinaba eso ayer y la que opina esto hoy es la misma?, o ¿puedes señalar físicamente el lugar de tu cuerpo donde notas ese pensamiento? (Villatte, Villatte & Hayes, 2016) puede ayudar a elicitar estos tactos.

5.3.4 Los valores como CCR.

Los valores pueden entenderse de dos formas, la primera es como las clases funcionales de estímulos consecuencias que refuerzan las clases conductuales con que se asocian (Bonow & Follette, 2009). Recordará que en el capítulo 1 mencionábamos la existencia de dos clases principales de estímulos, apetitivos y aversivos, y dos clases funcionales de respuesta asociadas, aproximación y evitación, los valores serían clases de estímulos apetitivos, p.ej. relaciones íntimas, deporte, situaciones novedosas, etc. Las clases de consecuencias a las que llamamos valores están determinadas arbitrariamente, son particulares y se clasifican por las consecuencias con las que la persona contacta, p.ej. una persona puede considerar que jugar billar e ir a la playa son formas de pasar tiempo consigo misma, aunque ambas actividades sean diferentes entre sí y las realice acompañado de alguien más, no obstante, experimenta la sensación de estar en contacto consigo mismo cuando las hace.

El segundo significado de valores hace referencia a las declaraciones, descripciones verbales, que la persona hace de aquello que le parece importante (Tsai, Kohlenberg, Bolling & Terry, 2009); como podrá inferirse, lo que la gente dice valorar y sus valores (como clases de reforzamiento). Para distinguir, llamaremos al primer tipo "valores funcionales" y al segundo "valores declarativos". Valorar conductualmente, por su parte, se refiere al tiempo, contacto y esfuerzo que la persona dedica a sus valores funcionales, valorar es una clase de conducta de aproximación definida por su relación con un valor, p.ej. un padre puede estar valorando a sus hijos si pasa tiempo con ellos y les presta atención.

Las dificultades para nombrar y describir valores funcionales, y valorar poco, son los dos tipos de CCR1 típicas relacionadas con valores. Estos problemas pueden identificarse típicamente cuando el consultante muestra confusión o dificultades para describir lo que desea de su vida, establecer metas o bien describir acciones concretas que le pueden acercar a ello, cualidades de estas acciones o bien cuando es capaz de definir estos patrones de acción, pero no se involucra en ellos. Cuando el terapeuta identifica estas CCR1 (Regla 1), es muy importante que comparta sus impresiones con el consultante y trate de distinguir un problema para definir valores funcionales y valorar conductualmente, de: a) Un problema relacionado con el tacto de la experiencia del Yo, en cuyo caso el problema tendría que ver con no poder saber si algo gusta o no lo hace, o; b) Un problema relacionado con la dificultad y evitación para experimentar eventos privados aversivos, en este caso, valorar en pensamiento o acción se evita porque le expondría a eventos públicos o privados de función aversiva. Como ejemplo un consultante que enviudó hace un par de años y evita tener citas románticas para evitar tener el pensamiento de que le es infiel a la memoria de su esposa fallecida.

Las CCR2s que se buscaría fortalecer son a) distinguir un valor declarativo de un valor funcional, b) la habilidad de formular metas a partir de los valores funcionales, c) el desarrollo de planes de acción para lograr las metas, d) dividir los planes de acción en conductas específicas y logrables, e) realizar una acción a la vez y participar de ella con consciencia plena.

5.3.5 CCRs del FIAT.

La plantilla de evaluación funcional idiográfica (Functional Idiographic Assesment Template o FIAT-Q; Darrow, Callaghan, Bonow y Follete, 2014) es un cuestionario de auto-reporte que busca evaluar la presencia de cinco clases de CCR1s interpersonales: A) Dificultades para identificar y expresar necesidades (opiniones, deseos, preferencias), B) Comunicación bidireccional, relativa a la forma y consciencia de la manera en que se impacta y responde a los demás, verbal y no verbalmente; C) Identificación y respuesta ante el conflicto; D) Dificultades relativas a la cercanía interpersonal; E) Dificultades relacionadas a la identificación y expresión emocional.Como podrá notarse, estas clases no están plenamente diferenciadas en el contexto clínico y frecuentemente representan diversas aristas de un mismo problema. Estas CCR1s son comunes en los consultantes que tienen dificultades en sus relaciones interpersonales y con frecuencia se observan en la interacción terapéutica, las CCR2s que pueden definirse a partir de esta clasificación implican la identificación y expresión de necesidades, la discriminación y cambio de los comportamientos de influencia interpersonal, la resolución efectiva de los conflictos, el establecimiento de relaciones íntimas satisfactorias y la identificación y expresión adecuada de necesidades.

El FIAT-Q (descrito más adelante) puede aplicarse como un complemento a la evaluación funcional y, tras aplicarlo, el terapeuta puede identificar los factores o reactivos del FIAT-Q con puntuaciones más bajas y discutirlas con el consultante de forma que pueda realizar una evaluación funcional comprensiva de estas clases de CCR1. Esta evaluación es fundamental para evitar adoptar una perspectiva topográfica frente a la problemática del consultante.

Desde una perspectiva analítica conductual, se puede asumir que estas clases de CCR1s son el resultado de la ocurrencia de las CCR1s anteriormente descritas en contextos específicos. Por ejemplo, las dificultades para identificar y expresar necesidades y emociones (Clases A y E) pueden considerarse como una topografía muy específica de tactos imprecisos, los cuales dan lugar a las dificultades de rastreo de contingencias que impiden discriminar la transaccionalidad del comportamiento interpersonal (Clase B). Asimismo, resulta bastante obvio que los mandos encubiertos son fuente de innumerables conflictos interpersonales (Clases C y D) o bien que las dificultades en cualquiera de estas clases pueden ser el resultado de un trastorno del Yo; p.ej. un yo bajo control público implica una dificultad para tactar los propios eventos privados y tener la experiencia de continuidad que permite diferenciarse de los demás, lo que usualmente trae tanto dificultades para identificar necesidades y emociones como dificultades para defender el propio punto de vista o la identidad en un conflicto o en una relación íntima. Pensamos que al basarse en las categorías descritas en el FIAT-Q, el terapeuta esté al tanto de los procesos conductuales básicos que les subyacen, pues estos son los mecanismos de cambio que subyacen a la aparición o resolución de estas dificultades. El modelo ACL pretende ser una alternativa para identificar y definir CCRs que describa dimensiones clínicas claramente identificables y que al mismo tiempo atienda a los procesos conductuales que les causan.

5.3.6 Consciencia valor y amor (ACL).

En el capítulo 3 hicimos una descripción a detalle del modelo de ACL como CCRs, por lo que en este capítulo no les describiremos nuevamente. Pensamos, sin embargo, que es útil volver a visitar este modelo para explicar la forma en que puede funcionar para integrar las CCRs descritas anteriormente en la literatura sobre FAP.

Por ejemplo, las dificultades para ser conciente de los propios gustos, deseos, preferencias, valores o la forma en que nuestra historia influye en nuestro comportamiento pueden incluir variedad de las CCR1s descritas anteriormente. Por ejemplo, si pensamos en la falta de consciencia como una clase de CCR1, podemos incluir la dificultad para observar y tactar los propios eventos privados, observar, describir y entender emociones, dificultades para tactar al Yo a partir de eventos privados, o bien dificultades para identificar valores funcionales y sus acciones asociadas. Mientras que las dificultades para ser concientes de los eventos privados de las otras personas o de contactar con los estímulos del momento presente incluirían dificultades para tactar de forma precisa, dar justificaciones de la conducta (pensamientos o emociones), o identificación de conflictos.

Las dificultades para experimentar emociones o recuerdos aversivos, comunicar emociones, expresar opiniones, resolver conflictos, entre otras, son considerados ejemplos de problemas de valor, mientras que ejemplos de acciones valientes podrían ser experimentar y expresar sentimientos, poner límites, pedir retroalimentación, etc.

Por último, las conductas de amor propio incluyen la autoaceptación y validación de las propias emociones, el autocuidado, permitirse recibir afecto, valorar conductualmente; y las conductas de amor hacia los otros pueden incluir el negociar, ser responsivo a los demás, mostrar afecto, etc. y de esta forma especifican acciones que no han sido consideradas en detalle en otras formulaciones de CCRs. Finalmente, la naturaleza dinámica del modelo ACL de conexión social permite identificar elementos del proceso de conexión social que explican cadenas funcionales que subyacen a CCR2s como la solución de conflictos, comunicación bidireccional, e intimidad (pensando en las categorías (A, B, C, D del Fiat-Q).

En conclusión, creemos que el modelo ACL es lo suficientemente general como para incluir gran variedad de CCRs y lo suficientemente descriptivo como para orientar su identificación, que su naturaleza dinámica permite identificar relaciones funcionales entre cadenas de respuesta interpersonales e intrapersonales sin perder de vista los procesos conductuales básicos detrás de dichas transacciones (y por lo tanto sin perder precisión o control). El Anexo 5.1 contiene diversos ejemplos de CCR1s y CCR2s de ACL que pueden guiar en la conceptualización de caso bajo este modelo.

Esperamos que las descripciones de estas diferentes formulaciones de CCRs sirvan para ejemplificar a los practicantes
de FAP la flexibilidad inherente al proceso de describir CCRs, y
para ayudarle a saber "qué atender" en el momento de formular
hipótesis para desarrollar una formulación de caso comprensiva y colaborativa. De hecho, nuestra finalidad al exponer todos
estos ejemplos no es prescribir reglas o dar instrucciones sobre
las CCRs que deben observarse, sino ayudar a desarrollar consciencia de la gran variedad de formas que las CCRs pueden tener
en cada consultante, y así, desarrollar flexibilidad y humildad en
el momento de formular el caso. Ocasionalmente, la observación y el diálogo resultan insuficientes para tener una muestra
suficiente de las CCRs y ORs de nuestros consultantes, afortunadamente, diversos investigadores y clínicos de FAP se han dado
a la tarea de desarrollar instrumentos que permiten recopilar
información sobre posibles CCRs.

5.4. Cuestionarios de evaluación.

A la fecha, existe una variedad de instrumentos desarrollados para auxiliar en la evaluación sobre FAP. Su uso es per-
tinente tanto para la evaluación de mecanismos de cambio en
protocolos de investigación relacionados con la eficacia de FAP,
como auxiliar en la identificación de CCRs en un contexto terapéutico. Ya que el presente es un manual clínico, describiremos
tres de los instrumentos que pueden ser relevantes para evaluar
algunas de las CCRs descritas anteriormente. Le animamos a
consultar la página del Center for the Science of Social Connection de la Universidad de Washington para informarse en mayor
detalle sobre los instrumentos de evaluación y proyectos de investigación que se encuentran actualmente en desarrollo (http://
depts.washington.edu/uwcssc/content/current-research), y a
consultar la descripción de instrumentos adaptados al castellano y sus propiedades psicométricas de los Dres. Luis Valero y
Rafael Ferro (2015). En el contexto de la evaluación clínica, estos
instrumentos pueden ser contestados por el consultante y califi-

cados por el terapeuta entre las sesiones de evaluación, de esta forma, los resultados pueden ser discutidos en sesión y, el terapeuta puede apoyarse en ellos para pedir ejemplos y analizarlos funcionalmente.

La *Escala de Experiencia del Self* o *"EOSS"* (The Experience of Self Scale; Kanter, Parker, Kohlenberg & Kohlenberg, 2001; validado en población española por Valero, Ferro, López & Selva, 2012, 2014), es un cuestionario desarrollado para analizar y medir la experiencia del yo. Este instrumento es una escala tipo Likert que permite evaluar si existen problemas del tacto del yo, dependiendo del grado de cercanía existente entre las personas.

La Escala de Evaluación Idiográfica Funcional o *"FIAT"* (Functional Idiographic Assessment Template, FIAT; Callaghan, 2006a; Kanter et al., 2009; Tsai, Kohlenberg et al., 2009), es una entrevista estructurada donde se indaga sobre diversas clases de funcionamiento interpersonal, con la finalidad de registrar CCRs. Posteriormente, se adaptó esta entrevista en formato de escala tipo Likert, a la que se le llamó Cuestionario de la Escala de Evaluación Idiográfica Funcional o *"FIAT-Q"* de 117 ítems, y una forma breve de 32 ítems, la "FIAT-G-ST", cuyas propiedades psicométricas han sido publicadas recientemente (Darrow, Callaghan, Bonow & Follette, 2014; actualmente no se cuenta con una versión en castellano publicada de estos instrumentos). El programa de evaluación llamado Escala de Evaluación Funcional de las Habilidades de Terapeutas Interpersonales, *"FASIT"* (Callaghan, 2006d), consta de los mismos reactivos que el FIAT y sirve para evaluar y clasificar TRs (Callaghan et al., 2004; Kohlenberg et al., 2002).

La Escala de Intimidad en FAP o *"FAPIS"* (FAP Intimacy Scale; Leonard, et. al, 2014), consta de 14 reactivos, y evalúa conductas de intimidad con una persona elegida por el consultante. Este instrumento tiene tres factores: pensamientos y sentimientos ocultos, expresión de sentimientos positivos, honestidad y autenticidad (actualmente existe una versión validada, sin publicar, en población mexicana de Reyes & Vargas, que puede ser obtenida al contactar al primer autor de este libro; y se está construyendo una versión latinoamericana de ella).

La evaluación verbal de repertorios ACL (Kanter, 2016; Formato 5.2) es un cuestionario de 13 reactivos que se utiliza para fines de investigación en el Centro de la Ciencia de la Conexión Social de la Universidad de Washington que puede administrarse a modo de entrevista semiestructurada para obtener descripciones topográficas y obtener ejemplos que permitan realizar análisis funcionales sobre los repertorios ACL del consultante a quien le interesa trabajar con problemáticas interpersonales. Las mismas preguntas de esta evaluación se incluyen en el Cuestionario de Interacción Social (Kanter, 2016; Formato 5.3), una escala que se califica en una escala Likert de 7 puntos y que puede autoaplicarse para obtener una puntuación que permita evaluar el progreso percibido del consultante en sus repertorios de ACL a lo largo de la terapia.

Evaluación verbal de repertorios ACL

Para contestar estas preguntas, considere la manera en que se comporta cuando interactúa con las personas con quienes le gustaría tener una relación cercana. Puede que sea una pareja sentimental, amigos, colegas – cualquier persona con quien tenga una relación social importante y con quien desee sentirse cercano.

¿Qué tan verdaderas resultan estas afirmaciones sobre sus sentimientos y forma de actuar con estas personas?

1. Soy conciente de mis sentimientos conforme ocurren.

2. Soy conciente de mis valores y necesidades cuando interactúo con otras personas.

3. Soy conciente de los sentimientos de los demás cuando estos están ocurriendo.

4. Soy conciente de las necesidades de otras personas y sus valores mientras me relaciono con ellos.

5. Soy capaz de ser vulnerable con los demás.

6. Soy capaz de compartir con autenticidad lo que siento y pienso.

7. Soy capaz de pedir lo que necesito.

8. Hago a los demás sentirse seguros y aceptados cuando me muestran vulnerabilidad y sus emociones.

9. Puedo expresar empatía y entendimiento a los demás.

10. Soy capaz de ser sensible a las necesidades de los demás y darles lo que necesitan cuando lo piden.

11. Expreso aprecio a los demás cuando hacen cosas amorosas por mí.

12. Expreso mis sentimientos de conexión y cercanía a los demás.

13. Acepto las muestras de amor y aprecio de otras personas.

Para contestar estas preguntas, considere la manera en que se comporta cuando interactúa con las personas con quienes le gustaría tener una relación cercana. Puede que sea una pareja sentimental, amigos, colegas – cualquier persona con quien tenga una relación social importante y con quien desee sentirse cercano.

Los siguientes enunciados se refieren a los sentimientos y acciones que nota cuando interactúa con estas personas. Usando la escala siguiente, indique qué tan verdaderas resultan estas afirmaciones sobre su comportamiento.

1	2	3	4	5	6	7
Completamente falso	Falso la mayoría de las veces	Falso	Ni cierto ni falso	Cierto	Cierto la mayoría de las veces	Completamente cierto

1. Soy conciente de mis sentimientos conforme ocurren.   1 2 3 4 5 6 7

2. Soy conciente de mis valores y necesidades cuando interactúo con otras personas.   1 2 3 4 5 6 7

3. Soy conciente de los sentimientos de los demás cuando estos están ocurriendo.   1 2 3 4 5 6 7

4. Soy conciente de las necesidades de otras personas y sus valores mientras me relaciono con ellos.   1 2 3 4 5 6 7

5. Soy capaz de ser vulnerable con los demás.   1 2 3 4 5 6 7

6.	Soy capaz de compartir con autenticidad lo que siento y pienso.	1	2	3	4	5	6	7
7.	Soy capaz de pedir lo que necesito.	1	2	3	4	5	6	7
8.	Hago a los demás sentirse seguros y aceptados cuando me muestran vulnerabilidad y sus emociones.	1	2	3	4	5	6	7
9.	Puedo expresar empatía y entendimiento a los demás.	1	2	3	4	5	6	7
10.	Soy capaz de ser sensible a las necesidades de los demás y darles lo que necesitan cuando lo piden.	1	2	3	4	5	6	7
11.	Expreso aprecio a los demás cuando hacen cosas amorosas por mí.	1	2	3	4	5	6	7
12.	Expreso mis sentimientos de conexión y cercanía a los demás.	1	2	3	4	5	6	7
13.	Acepto las muestras de amor y aprecio de otras personas.	1	2	3	4	5	6	7

5.5. Formulación de caso clínico.

El formato 5.4.1 muestra un esquema de conceptualización de caso basado en uno publicado en el 2009 por Kanter y cols. El esquema considera los siguientes elementos: a) Problemas cotidianos y observados dentro de la sesión clínica; b) Historia relevante, que incluye factores históricos pertinentes al desarrollo y mantenimiento de los problemas (antecedentes y consecuencias de los problemas); c) Metas de la terapia, dentro y fuera de la sesión clínica; d) Problemas del terapeuta que interfieren con la terapia, y sus metas respecto a ellos; e) Plan de tratamiento. En cada una de las áreas de este formato, se deben describir conductualmente las variables de interés, los problemas deben ser descritos como CCR1s y OR1s, los factores mantenedores como Antecedentes (A) y consecuencias a corto y largo plazo (C) de dichas CCRs y ORs, y las metas del consultante deben ser descritas como CCR2s y O2s, así como las del terapeuta se describen en términos de TR1s y TR2s. El formato 5.4.2 muestra un ejemplo de una formulación de caso. Recuerde que las conductas descritas deben representar clases funcionales, no ejemplos específicos de CCRs, si se hace de la segunda manera se corre el riesgo de tener una descripción demasiado extensa y poco útil de los problemas del consultante.

Como Terapia Conductual Contextual, FAP se incluye en el marco más amplio de la terapia conductual; así, su implementación óptima requiere un adecuado conocimiento y dominio de los principios de la modificación de conducta, y/o protocolos de intervención conductuales sustentados empíricamente (incluidos en el espectro más amplio de los Tratamientos Basados en Evidencia, "TBE"). Evidentemente, una revisión sobre dichos protocolos está más allá de los alcances de esta obra, una excelente y útil revisión sobre diversos protocolos puede encontrarse en ODonohue, Fisher & Hayes (2003).

FAP puede basarse en un *Tratamiento Basado en Evidencias* (TBE) como eje de intervención, y fortalecerlo atendiendo a las CCRS cuando estas surjan en sesión. La selección de un *TBE* como plan de tratamiento, puede dificultarse por varias razones: a) Porque no existe un TBE para el tipo de problemas del consultante; b) La gran variedad de problemas que muestra el consultante implicaría la aplicación de diversos TBE de manera simultánea o secuenciada, es decir que existen TBEs para intervenir sobre los problemas del consultante, pero no cuando se presentan en conjunto; c) No se tiene el entrenamiento para aplicar el TBE. En estos casos, resulta conveniente implementar un tratamiento informado en los principios de aprendizaje, lo que supone también una intervención basada en evidencias (Persons, 2008; a esta orientación también se le ha llamado "basada en principios", Swales & Heard, 2009).

Formato 5.4.1

Formulación de caso clínico

Nombre del Consultante:	
Nombre del Terapeuta:	
Historia relevante:	
Lista de problemas	
OR1s (Conductas indeseadas del ambiente natural).	**CCR1s** (Conductas indeseadas dentro de la sesión clínica).
Variables contextuales que mantienen los problemas (Antecedentes y Consecuencias):	
Lista de metas	
OR2s (Conductas deseadas del ambiente natural).	**CCR2s** (Conductas deseadas dentro de la sesión clínica).
Conductas relevantes del Terapeuta	
TR1s (Conductas indeseadas del terapeuta).	**TR2s** (Conductas deseadas del terapeuta).
Plan de tratamiento:	

Nombre del Consultante: *Jorge Gómez Rodríguez (Ficticio)* **Nombre del Terapeuta:** *Dr. Michel A. Reyes Ortega*
Historia relevante:
Varón de 27 años de edad, homosexual, diagnosticado con Trastorno Límite de la Personalidad y Depresión Mayor, vive con su padre y su hermana, atiende un negocio de venta de videojuegos donde tiene 5 empleados a su cargo. Gana el suficiente dinero para cubrir sus gastos, pero no para vivir de forma independiente. Es derivado a psicoterapia después de un intento suicida tras terminar con su pareja sentimental. Jorge se siente avergonzado por su preferencia sexual, comenta ser criticado por ello en familia y ser rechazado por sus amistades homosexuales por ocultar su preferencia. Jorge menciona haber crecido en una familia que le demandaba ser exitoso, describe a su padre como un hombre estricto y obsesivo, y a su madre y hermana como mujeres impulsivas. Amante de la música.
Lista de problemas
Comportamiento fuera de control y sensación de que su vida no va a ningún lado. Miedo excesivo a ser rechazado y asumir una actitud sumisa ante los demás. Estar paralizado, sentir que debe tomar decisiones importantes respecto a su vida, pero no poder tomarlas.

OR1s (Conductas indeseadas del ambiente natural).	**CCR1s** (Conductas indeseadas dentro de la sesión clínica).

1. Deficiente autocuidado:	**1. Poco autocuidado:**
<u>Conductas autolesivas:</u> Cortarse.	<u>Desatención de sus valores:</u> Acudir a sesión poco aseado, cambiar de tema al preguntársele sobre las actividades que pueden hacerle sentir placer o eficacia.
<u>Desatención de necesidades básicas:</u> Evitar comer, Dormir un promedio de 5 horas durante el día (siestas intermitentes entre las 11:00 y las 20:00 horas).	
2. Dificultades de consciencia:	**2. Dificultades de consciencia:**
Dificultades para identificar sus necesidades: Dificultades para tomar sus propias decisiones, pedir a otras personas soluciones a sus problemas, y estar vigilante de las opiniones de los demás para tomar sus decisiones.	<u>Dificultades para entender al terapeuta:</u> Distracción, Rumiación y Automonitoreo.
	<u>Dificultades para identificar sus necesidades:</u> Orientarse en las expresiones del terapeuta para saber que pensar.
Justificaciones: Explica su comportamiento basándose en "ser raro", "ser límite", "tener emociones paralizantes e intolerables".	<u>Autoinvalidación:</u> Desacreditación de sus logros y progresos, descalificar la pertinencia de sus sentimientos, insultarse.
3. Dificultades para actuar valientemente:	<u>Justificaciones:</u> Justificar su pasividad a partir de su depresión y trastorno límite.
<u>No expresar sus necesidades:</u> Accede a las demandas de su hermana y empleados, aunque no esté de acuerdo con ellos. Evita expresar su opinión ante su padre y sus médicos.	**3. Dificultades para actuar valientemente:**
Evitar sentirse vulnerable: Rechaza las invitaciones de sus amigos a salir (ver películas, fiestas, bares, etc.).	<u>Evitar sentirse vulnerable:</u> Cambiar de tema al sentir dolor emocional, hablar vagamente sobre sus sentimientos.
	<u>No expresar sus necesidades:</u> Evitar sentirse rechazado, cuestionar la aprobación del terapeuta, estar excesivamente de acuerdo, no expresar sus preferencias.

Variables contextuales que mantienen los problemas (Antecedentes y Consecuencias):

Vender menos de lo esperado en su negocio y tener necesidad de apoyo económico por parte de su familia incrementa su reactividad a las discusiones, lo que le lleva a sentirse juzgado y culpable, asumiendo una actitud sumisa en consecuencia.

Las discusiones familiares y laborales funcionan como antecedentes para el aislamiento, hipersomnia y restricción de alimentos. Cuando se presentan estos problemas combinadamente en un mismo día, se incrementa el riesgo de cortarse como una forma de aliviar el sufrimiento emocional. Estos comportamientos le ayudan a sentirse tranquilo momentáneamente.

La invalidación de sus opiniones por parte de sus familiares y sus pares castigan su expresión de necesidades y petición de cercanía.

Lista de metas

Tener control sobre sí mismo, aún en las situaciones más estresantes.

Dar importancia a sus necesidades y poder comunicarlos a las demás personas.

Poder tomar decisiones cuando se siente temeroso de las consecuencias o inseguro de sus capacidades.

OR2s (Conductas deseadas del ambiente natural).	CCR2s (Conductas deseadas dentro de la sesión clínica).
1. Auto-cuidado: Desarrollar habilidades de regulación emocional que sustituyan a las conductas auto-lesivas. Adherirse a un plan alimenticio y de higiene de sueño. Activación conductual: Regresar a clases de chelo, tocar la guitarra con regularidad, pasear con amistades al salir dl trabajo, buscar un nuevo empleo, coquetear. **2. Incrementar consciencia:** Reconocer sus sentimientos y necesidades. Identificar contingencias asociadas a la emisión e inhibición de su comportamiento.	**1. Auto-cuidado:** Dar importancia a sus valores y contribuir activamente a generar acciones congruentes con ellos. **2. Consciencia:** Notar las experiencias del momento presente, describir los sentimientos del terapeuta, describir la forma en que su comportamiento y el del terapeuta impacta en ellos. Auto-validación, expresar la importancia de sus logros, describir su comportamiento sin juicios.

3. Valor: Expresar y defender sus puntos de vista. Poner límites de forma aserti-va. Buscar un nuevo empleo.	**3. Valor:** Experimentar y expresar sus sentimientos de forma clara. Expresar sus necesidades al terapeuta, pedirle cosas.

Conductas relevantes del Terapeuta

TR1s (Conductas indeseadas del terapeuta).	**TR2s** (Conductas deseadas del terapeuta).
Dificultades de consciencia: Fallar en identificar las capacidades del consultante. **Desaprovechar oportunidades para evocar CCR2:** Dirigir demasiado la sesión, apresurarse hacia el final de la sesión y hablar demasiado.	**Consciencia:** Identificar y adecuarse al nivel de funcionamiento del consultante. **Valor:** Expresar el sentirse frustrado y tener la necesidad de apresurar la sesión. **Amor:** Mostrar comprensión y cercanía ante la desesperanza del consultante por no poder progresar más rápido en el tratamiento.

Plan de tratamiento:

Entrenar habilidades de mindfulness: Observación y descripción sin juicios, atención y participación en el momento presente. Exposición situacional y emocional.

Entrenar habilidades de regulación emocional: Actuar de forma contraria a las urgencias, enseñar a alimentarse balanceadamente, mejorar higiene de sueño.

Desarrollar habilidades interpersonales: Identificación de necesidades, clarificar prioridades en sus relaciones interpersonales, asertividad, expresión de emociones positivas.

Activación conductual: Identificar valores funcionales, programar acciones planeadas y mantenerlas hasta construir nuevas rutinas.

Nota: Esta formulación de caso ha sido modificada de una conceptualización de forma que el consultante al que se refiere sea inidentificable. La conceptualización original fue realizada por el primer autor de la presente obra. Por razón didáctica, la versión que presentamos aquí contiene más información de la que contiene la formulación original en la descripción de las ORs, CCRs y TRs, la conceptualización original solamente incluye la información subrayada.

Lo invitamos a considerar la siguiente guía para planear su intervención (la figura 5.1 la muestra gráficamente): a) Si un evento privado interfiere con la aparición de la CCR2, utilice estrategias de consciencia y exposición; b) Si las conductas indeseables se mantienen por su reforzamiento, considere reforzar diferencialmente la conducta deseable; c) Si la conducta indeseable se presenta porque la respuesta deseable no está en el repertorio conductual del consultante, moldee la habilidad mediante el ensayo y refuerzo. Como podrá suponer, es posible que estos problemas se muestren de manera combinada, por lo que el terapeuta puede utilizar esta guía para tomar decisiones de forma flexible a lo largo del tratamiento, p.ej. iniciar evocando emociones para facilitar la flexibilidad conductual en presencia de ellas, aprovechar esta flexibilidad para ensayar la respuesta deseada en los contextos relevantes, y reforzar positivamente las aproximaciones hacia la respuesta deseada. De esta forma, se favorece la implementación de un tratamiento sensible a los cambios naturales que ocurren durante el de la terapia, se favorece el desarrollo de una formulación de caso y plan de tratamiento flexible y que puede variar a lo largo de la intervención.

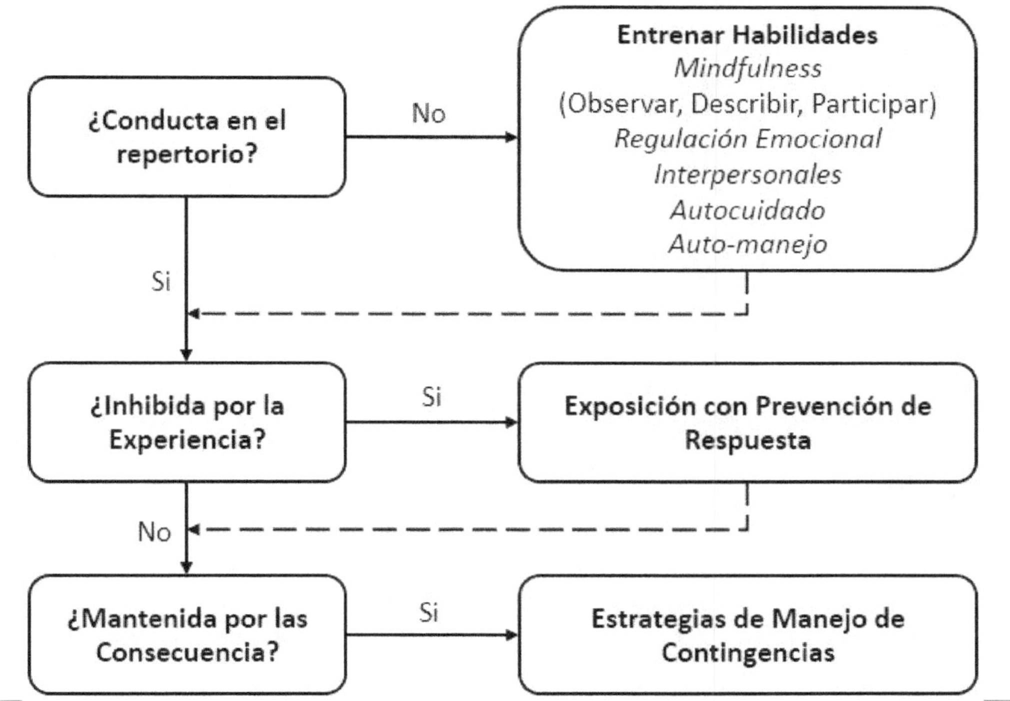

Figura 5.1. Guía para planear la intervención.

Normalmente, después de tres horas de evaluación conjunta con el consultante, el terapeuta tiene la información suficiente para realizar una conceptualización de caso. Una vez que la realiza, se le debe mostrar al consultante y modificarla hasta que ambos estén de acuerdo con ella. Al discutir el plan de tratamiento es necesario resolver cualquier pregunta que el consultante tenga en relación a la capacitación del terapeuta y las evidencias disponibles sobre la eficacia de las intervenciones propuestas. Por último, considere la posibilidad de que la conformidad o inconformidad del consultante con la formulación de caso realizada y el plan de tratamiento propuesto pueden representar CCRs, resultaría útil preguntar al consultante por esta posibilidad e incluso incorporar lo observado en ese momento en la conceptualización de caso. Después de llegar a un acuerdo sobre la conceptualización de caso y plan de tratamiento es el momento idóneo para presentar el FAP RAP al consultante (ver capítulo 4 para una descripción y lista de cotejo sobre la eficacia del terapeuta en las sesiones de evaluación).

Ejemplos de CCR1s y CCR2s del modelo ACL

	CCR1s	CCR2s
CONSCIENCIA DE SI MISMO	• Dificultades para mantenerse en el momento presente. • Cualquier dificultad observada para permanecer con atención plena en el momento presente (distraerse fácilmente, cambiar temas rápidamente). • Falta de consciencia sobre los propios sentimientos, impulsos o necesidades • No saber responder cuando se le pregunta sobre pensamientos o sentimientos, "no lo sé". • Indicadores sutiles (micro-expresiones) de la consciencia del consultante sobre su propio cuerpo. • Inhabilidad para describir emociones. • Identificación y nombramiento inadecuado de las propias emociones. • Culpabilizar a la historia de los comportamientos inefectivos del momento presente. • Incongruencia entre la comunicación verbal y no verbal (p.ej. cambios en la postura corporal y expresión facial indican la elicitación de sentimientos que se niegan verbalmente). • Fusionado con pensamientos, sentimientos, impulsos, necesidades. • Falta de contacto e identificación de valores e identidad durante las interacciones interpersonales.	• Aceptación, defusión, consciencia plena de los eventos privados (pensamientos, sentimientos, impulsos, necesidades). • Contacto significativo con los valores y la identidad durante las interacciones sociales.

CONSCIEN-CIA DE SI MISMO	• Tiende a adherirse a los planes de otras personas, en vez de sugerir sus propios planes; obedece la dirección de otros de forma pasiva. • Seguir instrucciones con excesiva diligencia, nunca cambiar la agenda. • Comportamiento social dominado por "deber ser" en vez de lo que realmente "se desea", constante chequeo sobre el ajuste del propio comportamiento a la norma. • No saber lo que se necesita en una relación. • Afirmar "no sé quién soy" o "no sé lo que quiero", etc. • Excesivo dominio público sobre la experiencia del Ser.
CONSCIEN-CIA DE LOS DEMÁS	• Demostraciones de falta de sintonía empática y toma de perspectiva. • No saber lo que sienten las demás personas. • Juzgar y criticar rápidamente a los demás., • Malinterpretar las expresiones emocionales y las necesidades de los demás • Ser acusado de no saber escuchar, no saber responder a las necesidades de los demás, ignorarlos. • Conclusiones inadecuadas sobre las intenciones, necesidades o emociones de los demás. • No prestar atención a las necesidades y emociones de los demás

| CONSCIENCIA DE LOS DEMÁS | • Inconsciencia del impacto del propio comportamiento en los demás

• Demasiado conversador, interrumpir, no responder a preguntas, no dejar que hablen los demás.

• Ofensivo o socialmente repelente (p.ej., condescendiente, molesto, poco tacto, etc.).

• Discurso superficial caracterizado por discursos sobre situaciones poco relacionadas con los problemas primarios que le trajeron a terapia y poca charla sobre situaciones o emociones difíciles.

• Comportamiento que crean distancia social (p.ej., auto-corregirse y/o disculparse por salirse del tema). | • Demostraciones de empatía y sincronía.

• Demostrar buena toma de perspectiva.

• Sensible a las reacciones y necesidades emocionales de los demás.

• Consciencia de los valores e identidad de las demás personas durante la interacción.

• Consciencia del impacto que se tiene sobre los demás. |
| VALOR

Ser vulnerable | • Evitar mostrarse vulnerable en las relaciones sociales, mantenerse superficial o alejado de las interacciones que requieren cercanía.

• Cambiar el tema al preguntársele sobre sus sentimientos, o responder con pensamientos.

• Ser activamente evitativo, o minimizador de sus experiencias emocionales: "no es de lo que quiero hablar," o ¿no sé si sea útil decir esto?"

• Risa o flirteo excesivo en momentos de posible conexión.

• Hostilidad o crítica hacia las expresiones emocionales: "Mostrar tus emociones es una debilidad".

• Usar el sentido del humor o la crítica en momentos de cercanía para minimizar la cercanía. | |

| VALOR
Ser vulnerable | • Moverse hacia la solución de problemas o tratar de modificar la experiencia emocional.
• Ansiedad, y nerviosismo co-ocurrentes con otras emociones (p.ej., sentirse en peligro, amenazado, atacado).
• Reírse o sonreír al sentirse amenazado.
• Intelectualizar para inhibir la emoción.
• Discusiones filosóficas tendidas para distraerse de las oportunidades de conexión emocional.
• Actuar o hablar como "el consultante perfecto". | • Expresar vulnerabilidad de forma verbal y no verbal durante sus interacciones interpersonales.
• Ser capaz de llorar frente a los demás sin disculparse.
• Hacer auto-revelaciones de forma genuina y auténtica.
• Mostar sus emociones en el rostro cuando se siente emocional. |
| VALOR
Revelación | • Poca claridad en la expresión emocional.
• Dificultad para ser auténtico en sus interacciones sociales; tiene que flirtear, pretender, ponerse una máscara, etc.
• La timidez impide que inicie conversaciones, tenga interacciones básicas; sea difícil conocerle, ser demasiado reservado, o callado.
• Editar, o ensayar lo que se quiere decir en vez de hablar espontáneamente.
• Mantiene las conversaciones centradas en los demás.
• Falta de expresividad emocional; Sobre intelectualidad o excesivo uso del sentido del humor.
• Complaciente con los demás: No expresar creencias que pudieran ser impopulares con los demás.
• Pasividad en las conversaciones.
• Rango restringido de respuestas o respuestas sobrepracticadas.
• No compartir información íntima. | • Hablar espontáneamente sobre lo que se esté pensando, recordando, o experimentando.
• Nombrar y expresar emociones conforme ocurren.
• Expresar opiniones con convicción.
• Capacidad para conversar sobre temas personales difíciles, incluyendo situaciones vergonzosas, culpa, pérdida o debilidad personal de una forma abierta y poco defensiva.
• Expresar amor y protección hacia los sentimientos de los demás. |

VALOR:
Pedir

Preguntas

- Recibe las interacciones sociales de forma pasiva, en vez de hacer preguntas y expresar interés en los demás.

Cercanía

- Evita la intimidad, incapaz de expresar necesidad de cercanía o intimidad.
- No expresa sus necesidades o las expresa de formas que resultan difíciles de ver y entender por los demás.

Límites

- Recibe pasivamente el comportamiento descortés o insensible de otras personas.
- Decir siempre que si a las peticiones, aun cuando se siente visiblemente incómodo con ello.
- Se siente utilizado o aventajado, resentido con los demás, sus relaciones no están balanceadas con reciprocidad.
- Evita los conflictos.
- Incapaz de dar retroalimentación negativa o expresar desacuerdo o agrado.
- *Pedir por cosas específicas.*
- Miente para obtener lo que necesita.
- Excesiva búsqueda de atención, validación, y aprobación (en vez de pedirla explícitamente).

- Capaz de preguntar o pedir, expresar interés en las demás personas mientras interactúa con ellas.
- Hace preguntas que le permitan conocer a los demás.
- Hace preguntas para ayudar a los demás a expresar mejor sus sentimientos o necesidades.
- Expresa deseos de cercanía y conexión con los demás (p.ej. tener una cita, deseo sexual).
- Asertividad.
- Da retroalimentación negativa de forma sensible.
- Capaz de establecer límites, decir "no" a las peticiones de los demás.
- Dejar que los demás sepan lo que desea, balancear seguridad y amor.
-

AMOR *Proveer seguridad*	<ul><li>Responde con hostilidad, enojo encubierto, o desdén a las expresiones emocionales en momentos de conexión.</li><li>Expresa sus críticas de forma áspera, o hace críticas inadecuadas cuando los demás se expresan.</li><li>Pone límites de forma áspera y enfadada.</li><li>Se enfoca en la solución de problemas cuando otras personas expresan vulnerabilidad o dolor.</li><li>Crea conflictos.</li><li>Responde pobremente (p.ej., evitativamente, castigadoramente, o de forma confusa) al comportamiento valiente de los demás.</li><li>Dice no, expresa preocupación, duda, decepción, desconexión o frustración rápidamente (como primera respuesta).</li><li>Los momentos de desconexión se sienten tensos o amenazantes con esta persona.</li><li>Falla en responder a las auto-revelaciones de otras personas.</li><li>Responde con enojo, críticas o demandas cuando siente que se le trata negligentemente.</li><li>Inhabilidad para expresar emociones negativas de una forma funcional.</li></ul>	<ul><li>Invita a la vulnerabilidad expresando calidez, apertura y aceptación.</li><li>Se le percibe confiable.</li><li>Se mantiene cálido y seguro en presencia de emociones fuertes (p.ej., expresa cariño con su rostro).</li><li>No juzga a los demás.</li><li>Capaz de expresar emociones fuertes mientras deja que los demás sepan que están a salvo.</li><li>Expresa afecto y comodidad de forma física.</li><li>Valida las emociones y problemas de los demás en vez de motivarlos a resolver problemas.</li><li>Muestra cercanía y vulnerabilidad de forma recíproca para ayudar a los demás a sentirse a salvo.</li><li>Capaz de lidiar con el "no" de las demás personas, les muestra respeto y garantiza seguridad cuando lo hacen.</li></ul>

AMOR *Entendimiento*	• Se concentra en resolver los problemas de los demás, en vez de escucharlos o validarlos. • Se involucra en la auto-revelación de forma excesiva. • Sus intentos de mostrar comprensión son inexactos o superficiales, no expresa contenidos emocionales centrales. • Desafía las auto-revelaciones de los demás de forma innecesaria (p.ej., "¿A qué te refieres con que te gusta el futbol?") • Acusado de insensible por las demás personas. • Responde con sarcasmo, agresión, desacuerdo, juicios u otras opiniones.	• Escucha y valida cuando los demás hablan. • Expresa entendimiento y refleja el contenido emocional central del discurso de los demás. • Las demás personas se sienten escuchadas y encendidas por esta persona. • Capaz de recordar pequeños detalles sobre las conversaciones que tiene con los demás. • Es visto como compasivo, empático, y compresivo por parte de los demás.
AMOR *Dar*	• Rara vez le da a los demás lo que necesitan o desean, acusado de ser egoísta o ensimismado. • Siente que las demás personas deben "esforzarse" y cuidar de ellas mismas. • No respeta los límites de los demás. • Rara vez se disculpa o lo hace de forma poco creíble. • Incapaz de hacer compromisos con los demás. • Incapaz de recibir retroalimentación negativa; se rinde, actúa defensivamente o ataca. • Incapaz de expresar aprecio.	• Puede predecir lo que otras personas necesitan y dárselos. • Se siente bien cuando hace cosas por los demás. • Pregunta para clarificar las necesidades de otras personas antes de responder. • Es bueno para dar regalos. • Es visto como generoso. • Puede disculparse sin defenderse o culpar. • Capaz de responder a la retroalimentación negativa sin defenderse o atacar. • Capaz de cambiar su comportamiento cuando se le pide.

| *AMOR PROPIO*

Aceptar muestras de amor, aprecio o cercanía. | • Minimiza la retroalimentación positiva explícita o implícitamente; la desatiende, detracta, olvida, o cambia el tema.
• Devuelve los favores inmediatamente o se esfuerza para mejorar cuando se le da un cumplido.
• Evita decir "te amo" o cosas equivalentes a los demás.
• Evita expresar cercanía y conexión a los demás.
• No agradece apropiadamente.
• Expresa afecto de forma inefectiva, poco detallada o con poca autenticidad. | • Es capaz de aceptar afecto y aprecio con gracia.
• Capaz de expresar gratitud a los demás.
• Capaz de decir "te amo" de forma auténtica, y expresar afecto y conexión de diversas formas. |

Capítulo 6:

Reglas 1 y 2. Identificar y evocar conductas clínicamente relevantes

Discriminar las CCRs (Regla 1), conforme van ocurriendo dentro de la sesión, es central para la FAP. Esta consciencia es crucial para intervenir oportunamente (Reglas 2 y 3) y mantener la psicoterapia orientada a sus metas. Para lograr este objetivo, el terapeuta deberá estar al tanto de las CCRs definidas en la conceptualización de caso (capítulo 5) y a nuevas topografías de las clases funcionales a que pertenecen (p.ej. aproximación / evitación), considere que a lo largo de la terapia podrían emerger nuevas formas de la conducta que no se hubieran advertido anteriormente. También se deben considerar las situaciones terapéuticas que evocan CCRs de manera natural (capítulo 4), y la posibilidad de que la propia experiencia del terapeuta funcione como un sensor de CCRs: P. ej. "sentir que el consultante está evitando decirle algo importante", "aburrirse", "sentir deseos de protegerle", etc. En fin, seguir la Regla 1 de manera eficaz es un gran reto hasta para el terapeuta más experimentado y una tarea para la que se debe estar preparándose constantemente.

6.1. Estrategias para identificar CCRs.

La consciencia de las CCRs requiere una gran sensibilidad y conexión con el consultante, una gran capacidad para mantenerse en el momento presente y lo que importa dentro de él, estar atento a los cambios más sutiles, y el aplomo para ser receptivo hasta en las situaciones más incómodas. Así como al mejor velocista del mundo le conviene seguir haciendo ejercicios de calentamiento antes de cada entrenamiento, el practicante de FAP puede beneficiarse de los siguientes hábitos.

Hacer ejercicios de mindfulness. Iniciar cada sesión con la mente y el corazón abierto, entregado a la experiencia interpersonal y a lo inesperado puede favorecerse si el terapeuta practica un ejercicio de mindfulness al iniciar cada sesión o antes de ver a cada consultante. A continuación, describimos dos breves ejercicios que pueden utilizarse con esta finalidad.

Mindfulness intrapersonal: Siéntase cómodo, con los pies bien afianzados en el piso, las manos apoyadas en sus piernas, y con la espalda derecha para favorecer mantener su atención. Inhale y exhale profundamente en tres ocasiones (pausa)... ahora concéntrese en su respiración y observe la forma en que el aire entre por sus narinas y baja hacia sus pulmones en cada inhalación, y la forma en que sus pulmones se vacían y el aire sale más cálido por su nariz al exhalar, no es necesario controlar el ritmo de su respiración, solo observar este proceso durante 30 segundos (pausa). Sin dejar de notar su respiración, observe los pensamientos que puedan estar pasando por su mente en este momento, solo obsérvelos y permítales fluir libremente, resistiendo la tentación de dialogar con ellos o de intentar modificarlos, mírelos como quien mira nubes flotando en el cielo (pausa). Sin dejar de notar su respiración, observe las sensaciones que puedan estarse alojando en su cuerpo en este momento, solo obsérvelas y permítales estar ahí, resistiendo la tentación de intentar modificarlas, mírelas como quien mira un cuadro colgado en la pared (pausa). Sin dejar de notar su respiración, observe los impulsos que puedan estarse presentando en este momento, solo obsérvelos y ubíquelos en una parte del cuerpo, resistiendo la tentación de obedecerlos o de intentar modificarlos, mírelos como quien mira una hormiguita caminando por la yerba (pausa). Finalmente, obsérvese a usted mismo (pausa), nótese respirando y observándose (pausa), obsérvese siendo la misma persona que era al iniciar el ejercicio, aunque sus experiencias hayan podido cambiar (pausa), visualice donde y cómo quiere estar actuando al termi-

*nar el ejercicio (pausa). Termine el ejercicio inhalando
y exhalando profundamente en tres ocasiones (pausa)...
cuando esté listo puede abrir sus ojos.*

*Mindfulness interpersonal (Bowen et al. 2012): Siéntase cómodo, con los pies bien afianzados en el piso, las
manos apoyadas en sus piernas, y con la espalda derecha para favorecer mantener su atención. Inhale y exhale profundamente en tres ocasiones (pausa)... ahora
concéntrese en su respiración y observe la forma en que
el aire entre por sus narinas y baja hacia sus pulmones
en cada inhalación, y la forma en que sus pulmones se
vacían y el aire sale más cálido por su nariz al exhalar,
no es necesario controlar el ritmo de su respiración, solo
observar este proceso durante 30 segundos (pausa).Ahora, piense en una persona con quien tenga una relación
cercana e identifique las formas en que se comunica con
ella (pausa). Ahora, piense en la otra(s) persona(s) que
se encuentra con usted en esta habitación (pausa), y hágase consciente de que usted es consciente de ellas...
manténgase observando por 30 segundos (pausa). Note
que las demás personas de la habitación, así como usted
mismo, han sentido alegría, pena, han fracasado y han
triunfado (pausa). Por último, regrese a su respiración
(pausa), y termine el ejercicio inhalando y exhalando profundamente en tres ocasiones (pausa)... cuando esté listo
puede abrir sus ojos.*

El objetivo de los ejercicios de mindfulness es ayudar al
terapeuta a tactar su estado físico y anímico, discriminar la forma en que sus experiencias pueden influir su actuar, ayudarlo a
valorar el momento y actuar de forma eficaz para su consultante.
Para muchos terapeutas, el solo hecho de darse diez minutos
para disfrutar una taza de café en silencio, recostarse y escuchar
una canción en sus audífonos, o regalarse una media sonrisa al
mirarse en el espejo puede ser suficiente preparación antes de
encontrarse con su consultante. Le sugerimos tomarse entre 10
y 15 minutos de descanso entre cada cita, independientemente
de si realiza o no un ejercicio de mindfulness junto con ellos al
iniciar la sesión.

Revisar la conceptualización de caso. La identificación de CCRs es un acto especulativo, no podemos enfatizar suficientemente lo importante que es que el terapeuta elabore, pruebe y reformule sus hipótesis a lo largo del proceso terapéutico. Una buena forma de ayudarse a recordar o reconsiderar dichas hipótesis es revisar la conceptualización de caso antes de ver a cada consultante o tomarse un tiempo para revisar o actualizar expedientes antes e iniciar la labor clínica cotidiana.

Durante estos espacios, resulta conveniente identificar posibles TRs. Hacerse las siguientes preguntas es un buen ejercicio a realizar al revisar las notas sobre sus casos, incluso puede servir como un ejercicio de mindfulness previo a la sesión: ¿Estoy evitando hablar de algo con este consultante? ¿Estoy presionando demasiado en algún tema o por algún cambio en especial? ¿Esto asemeja o es causado por algo que esté sucediendo en mi vida cotidiana?

Supervisión. Buscar supervisión con un terapeuta FAP más experimentado, o formar grupos de supervisión con colegas es una excelente forma de ejercitar la consciencia. La labor psicoterapéutica acostumbra ser solitaria y las impresiones de los terapeutas estarán determinadas por su historia, esto les pone en riesgo de fallar en discriminar CCRs, puede que no haya aprendido a notarlas o que incluso evite responder a ellas de forma involuntaria. Tomar parte de una supervisión es muy útil para ampliar el repertorio del terapeuta porque implica un contexto donde se puede aprender a discriminar CCRs, tactar las propias TRs, ensayar formas distintas de evocar, u observar otras formas de reforzar (amar).

En la FAP, es muy importante tomar en cuenta que la diada terapéutica es un contexto interpersonal donde ambos miembros se afectan transaccionalmente, esto implica que las TRs normalmente sean específicas de cada caso, así como lo son las CCRs. La perspectiva de un colega que puede observar ese proceso a la distancia e incluso moldear T2s es, en la opinión de los autores, un elemento necesario de la práctica eficiente de FAP.

ACL en la vida cotidiana. Una gran ventaja de la consciencia, es que puede ensayarse en la vida cotidiana. Preguntar por lo que nuestros seres queridos sienten, indagar sobre lo que les pareció útil en una interacción que tuvieron con nosotros, hablar sobre la forma en que nos sentimos respecto a ellos y preguntar si esto les pasa con alguien más puede ayudarle a fortalecer su consciencia y convertirla en un hábito, y no en una acción que parezca poco natural y requiera un esfuerzo extraordinario de su parte. Una utilidad adicional de esta práctica es que puede ayudarle a incrementar su conocimiento sobre sus propias funciones como individuo.

Usar la propia experiencia como sensor de CCRs. Una buena manera de distinguir si las reacciones del terapeuta están indicando la presencia de una CCR, es preguntarse si estas reacciones se relacionan positiva o negativamente con las de los demás en su vida cotidiana. Puede que el terapeuta se sienta distraído con el consultante y éste se haya lamentado anteriormente de que las personas olvidan cosas que les dice, o por el contrario, que el terapeuta disfrute conversar con él a diferencia de lo que otras personas parecen mostrar. Las reacciones del terapeuta hacia el comportamiento del consultante pueden indicar la presencia de una CCR1 o CCR2.

Recuerde que, si tiene la impresión de que algo clínicamente relevante está ocurriendo, pero no tiene claro que es, siempre puede evocar una CCR3(2) y analizar la interacción junto con el consultante para encontrar equivalencias o diferencias de lo que ocurre en su vida cotidiana. Tenga en consideración sus propias TR1s y TR2s para evitar confundir las reacciones que obedecen más a su historia personal que a las funciones naturales de la conducta de su consultante, p.ej. el primer autor de este texto tiende a molestarse y sentirse presionado cuando las personas llegan con mucha anticipación a las citas que tienen con él, una reacción respondiente generalizada.

6.2. Estrategias para evocar CCRs.

El terapeuta no solo es un observador de la conducta del consultante, sino un participante activo en el proceso terapéutico. Parte de su participación implica crear, deliberadamente o no, condiciones que eliciten y evoquen CCRs (Regla 2). Esta regla supone una participación personalmente implicada en la relación terapéutica, consistente en estar presente, responder auténticamente y desde una posición de equidad hacia el consultante, y correr el riesgo (ser valiente) para mostrarse vulnerable.

Como ya se ha mencionado anteriormente, tanto las situaciones que se suceden espontáneamente en la terapia, como las características y acciones del terapeuta pueden provocar CCR1 o CCR2, siendo las segundas el objetivo de la regla 2 de la FAP. Usualmente, sobre todo al iniciar la terapia, las CCR1 son evocadas espontáneamente y las CCR2s requieren una evocación deliberada, bloquear la ocurrencia de CCR1s en favor de las CCR2s es uno de los actos de mayor valor por parte del terapeuta y, como tal, uno de los momentos en los que debe tener muy presentes sus T1s y T2s.

6.2.1 Evocación reactiva ante la ocurrencia espontánea de CCRs.

Existen dos tipos de intervenciones evocativas, las evocaciones reactivas y las deliberadas. Las evocaciones reactivas suceden cuando las CCRs ocurren de manera natural durante la sesión. Las deliberadas, al contrario, reorientan el ritmo de la sesión y provocan CCRs que no sucederían de forma espontánea. Topográficamente, no hay gran diferencia entre una evocación reactiva y una deliberada, su diferencia es funcional y está relacionada a sus antecedentes.

La evocación reactiva, describe a un proceso de observación de una CCR seguida de una respuesta evocadora que la haga más evidente para la diada terapéutica, el término "reactivo" se refiere a que es una reacción a lo que fue observado en la interacción. La característica esencial de una evocación reactiva es *el cambio de contenido a proceso*, este cambio implica hacer preguntas o sugerencias relacionadas a lo que el consultante está "haciendo" en el momento, más que sobre lo que "está diciendo". En el Anexo 6.1 (Kanter, 2016); podrá encontrar variedad de ejemplos de formas en que el terapeuta puede evocar CCR2s específicas de acuerdo a una conceptualización ACL.

Por otra parte, recordará que en el capítulo 4 describimos algunas situaciones terapéuticas que pueden evocar CCRs de forma natural, el practicante de la FAP haría bien en anticipar estas situaciones mientras formula el caso e identificar las CCRs que ocurren durante ellas de forma tal que pueda evocar reactivamente ante su aparición.

Responder a las situaciones terapéuticas. Responder preguntas sobre los propios sentimientos, tener un tiempo limitado para hablar de asuntos importantes, ser observado, ser animado a proponer soluciones para un problema o tener que escuchar, pueden ser situaciones que evoquen CCRs. En caso de evocar CCR1s, el terapeuta puede seguir cualquiera de estos métodos para evocar CCR2s (Regla 2) que pueda reforzar (Regla 3): Ignorarlas y estimular al consultante a mostrar una CCR2, p.ej. **¿me puedes describir en mayor detalle tu sentir?**; señalarlas y analizarlas funcionalmente (evocar CCR3(2), diciendo algo como *"noto que te es difícil describir este sentimiento, ¿podemos analizar qué es lo que hace complicado hablar de él en este momento?*; o bien señalar las consecuencias de la CCR1 y pedir una CCR2 (redirección), *"me cuesta trabajo entenderte en este momento, ¿puedes ahondar un poco más sobre la forma en que te sientes"?*.

El análisis funcional como actividad evocativa. El análisis funcional de las ORs o CCRs puede elicitar vergüenza, culpa, o indiferencia defensiva por momentos, o evocar respuestas de evitación como dar respuestas escuetas, hacer atribuciones caracterológicas del comportamiento o disminuir la gravedad de los problemas. El terapeuta puede seguir el mismo método descrito anteriormente para ayudar a elicitar CCR3s ante la presencia de las CCR1s.

Situaciones de vulnerabilidad y exposición emocional. Numerosas situaciones harán que los consultantes se sientan vulnerables. Cuando el miedo, enojo, tristeza se presenten en la sesión, conviene que el terapeuta recuerde que el valor de experimentar esas emociones (tactarlas) es una típica CCR2. En ese caso, una T2s del terapeuta implica aprovechar ese momento para evocar la exposición emocional vía la observación contemplativa de la misma. Una frase como *"solo siente tu emoción, permítete observarla durante un par de minutos"* puede bastar para evocar esta CCR2, si se sospecha que el consultante pueda distraerse de ella, se puede pedir que describa su emoción en voz alta. Cuando la experiencia de la emoción es una CCR2s a desarrollar, el terapeuta debe evitar hacer preguntas o apresurarse evocando respuestas alternativas, animar a experimentar, señalar la evitación, o reorientar la respuesta a la contemplación estrategias útiles para crear una situación de exposición emocional. La evocación de CCR3(2) debe posponerse hasta que la exposición ha finalizado.

Activación conductual. Crear tareas de reforzamiento, pedir alternativas de respuestas o planear soluciones, pueden evocar respuestas de pasividad en algunos consultantes. Nuevamente, el método sugerido para evocar CCR2s puede ser de gran utilidad para evocar respuestas de activación.

Dar o retirar ayuda. Conforme avanza el proceso terapéutico, la aparición espontánea de CCR2s tenderá a incrementar, sin embargo, existen CCRs específicas y situaciones donde el equipo terapéutico requiere hacer un plan para guiar este proceso. Esto ocurre usualmente cuando la terapia tiene un tiempo muy limitado o en problemas relacionados con el autocontrol y la dificultad para generalizar respuestas, en esas ocasiones puede servir hacer un plan para brindar asistencia especial al consultante, plan que también debe describir las condiciones desde las cuales se retirará la ayuda. Imagine que usted está asistiendo a un consultante con conductas de riesgo, e hizo un plan con él donde acordó recibir llamadas para asistirle si se encuentra atravesando una crisis, esta es una situación donde es necesario hacer un plan para ir retirando la asistencia progresivamente. El momento de sugerir o retirar la ayuda puede evocar CCR1s, analizar la conducta o redirigir pueden ayudar a redirigir hacia la CCR2.

Las funciones naturales del terapeuta. Las características del terapeuta pueden evocar CCRs, su género, forma de hablar, apariencia física, edad, etnicidad, etc. pueden evocar CCRs y pasar desapercibidas para el terapeuta inatento, atender a reacciones inusuales (o usuales hacia el terapeuta) y evocar una regla 3 es la mejor forma de explicitar CCR1s y CCR2s. Como ejemplos de estas reacciones, considere momentos donde el consultante guarda silencio repentinamente, observa un accesorio del terapeuta (por ejemplo, un anillo de compromiso), se muestra sorprendido al mirarle por primera vez, etc.

6.2.2 Evocación deliberada.

Hay aspectos de la FAP que evocan CCRs de manera deliberada, tanto en su estructura, por ejemplo, explicar la justificación de FAP y crear un espacio sagrado para la terapia (capítulo 4), como en su estilo, la auto-reevaluación del terapeuta, o el uso de un lenguaje verbal y no verbal evocativo. Cuando el terapeuta evoca deliberadamente, siempre está buscando provocar CCR2s, aunque siempre debe estar preparado para obtener una CCR1 como consecuencia. De obtener una CCR2s debe estar preparado para reforzar (regla 3), de lo contrario redirigir (regla 2 nuevamente).

La evocación deliberada es necesaria porque, en muchas ocasiones, confiar en la evocación reactiva ante CCRs espontáneas es insuficiente para asegurar que el proceso de FAP ocurra. La evocación deliberada es una opción lógica en dos situaciones, cuando no parece estar ocurriendo nada importante durante la sesión y cuando acaba de ocurrir algo significativo y se desea profundizar sobre ello. Usualmente, la evocación deliberada implica hacer preguntas específicas a los consultantes, de forma tal que evoca CCRs, considere el siguiente ejemplo: El terapeuta se siente aburrido durante la sesión, y esto es un indicativo de que el consultante está hablando sobre temas poco relevantes para sus metas (probablemente está evitando contactar con los sentimientos asociados al tema), al detectar esta CCR1 el terapeuta decide interrumpirle y decirle "Oye, quiero interrumpirte para comentarte que me interesa muchísimo que esta sesión sea lo más provechosa posible para nosotros, ¿estaría bien si cambio el tema y te hago una pregunta sobre algo más desafiante?. El Anexo 6.2 contiene una lista de ejemplos que pueden utilizarse para evocar deliberadamente CCRs de tipo ACL, mientras que el Anexo 6.3 contiene una lista de ejemplos de intervenciones que pueden ayudar a evocar CCR2s deliberadamente cuando ocurren CCR1s.

La palabra en FAP. A pesar de que FAP se sirve de la administración de contingencias para moldear CCR2s, es una terapia verbal, se sirve de la capacidad del lenguaje para alterar las funciones simbólicas de los estímulos dentro y fuera de la oficina del terapeuta, y de la propia respuesta del consultante. Conviene que el terapeuta tenga conocimiento funcional sobre el uso del lenguaje (el libro de Villatte, Villatte & Hayes, 2016 es una excelente introducción al uso clínico del lenguaje) para sofisticar su uso como herramienta clínica.

Estos son algunos ejemplos de la forma en que un conocimiento funcional del lenguaje puede ayudar a evocar CCR2s de ACL: a) Evocar consciencia equiparando una frase o acción con una palabra, *"¿cómo dirías que me siento?"*, *"¿cómo llamarías a esta acción?"*, *"yo le llamaría frustración"*, etc. b) Evocar empatía adoptando otra perspectiva espacial o personal, *"Si tu fueras yo ¿cómo te sentirías después de escuchar esto?"*, *"Imagina que nos están mirando fuera de esta habitación ¿dirías que estamos conectados o desvinculados?"*. c) Evocar valor buscando conceptos opuestos, *"¿y si eliges hacer justo lo contrario conmigo? ¿justo ahora?"*. d) Evocar amor presentando frases condicionales, *"¿qué me dirías para hacerme sentir escuchado?"*, *"¿qué hacer para llegar a un acuerdo"?*, etc.

Amplificación. El "acento" emocional mediante el uso del lenguaje no verbal es una poderosa herramienta evocativa. Por ejemplo, hablar más pausado y en volumen más bajo usualmente atrae la atención (evoca consciencia), mirar fijamente puede generar incomodidad (evocar valor), permitir salir una lágrima o que se quiebre la voz pueden evocar empatía (evocar amor), etc. El terapeuta FAP debe de ser un "maestro" para evocar una gran variedad de CCR2s de formas sutiles durante su interacción con el consultante.

Las palabras, por su parte, pueden combinarse (relacionarse) de forma que adquieran funciones elicitadoras o evocadoras intensas (un efecto conocido como augmental en la aproximación conductual al lenguaje llamada teoría del marco relacional; Törneke, 2010). El uso de analogías como *"me rompe el corazón"* para evocar comprensión, o metáforas como *"pareciera que estoy escuchando a un héroe que, no se da cuenta que recién salvó el mundo"*, para evocar respeto propio son excelentes formas de provocar CCR2s.

Ejercicios evocativos. Se puede decir que FAP es tanto una terapia conductual contextual, como una terapia integrativa, o técnicamente ecléctica, esto quiere decir que puede tomar prestadas estrategias de otros enfoques, pero siempre y cuando los use de forma congruente con su enfoque teórico y modelo de trabajo. Con esto en mente, cualquier estrategia puede ser implementada en FAP, siempre que sirva como una forma de evocar CCR2 definidas en la conceptualización de caso. La distinción entre una evocación deliberada usual (Kanter, 2016; Anexo 6.2) y un ejercicio evocativo, es básicamente que el segundo requiere una explicación sobre su justificación y el permiso del consultante antes de implementarlo, ya que tienen el riesgo de parecer extraños o arbitrarios.

Considere que un ejercicio evocativo es un procedimiento que genera CCR2s, y pueden ser particularmente útiles si se desea organizar la sesión alrededor de una CCR2 específica o si éstas no se están evocando espontáneamente en sesión. Por lo que antes de usarlo es importante cuestionarse su verdadera relevancia, tal vez las evocaciones espontáneas y deliberadas son suficientes para evocar CCR2s de forma efectiva. Estos ejercicios son auxiliares para el terapeuta de FAP y normalmente se usan a su discreción, dependiendo de si son pertinentes o no para la evocación de las CCRs deseadas. A continuación, describimos algunos ejercicios evocativos descritos por Nelson et al (2014).

Hola de enlace entre sesiones (ver Formato 4.1). Es un formato que se da al final de la sesión a cada consultante. Las preguntas que contiene se consideran evocativas (de consciencia, valor y amor, por ejemplo) porque provocan comentarios sobre lo ocurrido durante la sesión. En este formato se pregunta sobre aspectos positivos y negativos de la sesión, lo que le haya servido de ella o en lo que no esté de acuerdo.

Diarios de retos y autocuidado (ver Formato 6.1). Estos diarios sirven para ayudar al consultante a estar consciente de sus CCR2s y O2s, así como de oportunidades para mostrarlas. Desde la lógica de que la terapia implica un proceso de reto constante de "salir de la zona de comodidad sin salir de la zona de seguridad" (capítulo 4), estos diarios animan al consultante a mantener sus metas en mente y arriesgarse hacia su consecución, a un ritmo constante y seguro.

Los diarios pueden adaptarse a las características de cada consultante, usualmente implican registrar y valorar retos emocionales que el consultante haya tenido durante la sesión (CCR2s) y fuera de ella (O2s), y las formas en que se mantuvo seguro durante ellos.

Registro de 100 positivos. Este es un ejercicio que puede realizarse en sesión, en este, se pide al consultante que haga una lista de 100 aspectos que le gustan de sí mismo (cualidades, habilidades, valores, logros, etc.). Posteriormente, se discuten las respuestas con el terapeuta, quien también ha hecho el ejercicio y lo comparte con el consultante. Este ejercicio puede evocar mayor consciencia de sí mismo, compartir aspectos valorados de uno mismo puede ser un acto de valor importante para muchas personas que han sufrido de una historia de constante invalidación, o bien puede ser una forma de evocar empatía o demostrar aceptación hacia otra persona. Este ejercicio, y todos los que mencionamos de ahora en adelante, proveen una oportunidad para ensayar formas de conectarse íntimamente pues, arriesgarse a compartir las respuestas de cada ejercicio y recibir la respuesta sensible de otro individuo mientras se mantiene la consciencia de la conexión (o viceversa) implica en sí mismo el proceso de responsibidad interpersonal al que llamamos conexión social en el capítulo 3. Este ejercicio puede, entonces, servir para construir intimidad y crear un espacio sagrado al iniciar la terapia, o como una exploración de los valores del consultante.

Declaración de misión personal. Este es el ejercicio por excelencia para desarrollar consciencia sobre las propias metas y valores, en él se pide escribir una carta en la que se describa una misión personal para su vida, que sirva como una brújula para el proceso de la terapia. Es importante pedir al consultante que escriba su misión de vida y posteriormente las metas y acciones que se requiere mostrar para lograrla, y que a lo largo del tratamiento se regrese a esta carta continuamente.

Lista de pendientes. Este ejercicio trata de listar cosas pendientes por hacer en un momento específico de la vida, y es particularmente adecuado para orientar un plan de mantenimiento (prevención de recaídas) al finalizar la terapia. A diferencia del ejercicio anterior, este se concentra más en el establecimiento de metas y acciones que en la definición de valores (más en el acto de valorar funcionalmente que en formular declaraciones sobre valores).

Escribir una carta de... (gratitud, molestia, perdón, etc.). Esta es una carta dirigida a alguien concreto al que se quiera mostrar gratitud, molestia, o cualquier otra emoción interpersonal, si la carta va dirigida a una persona de la vida cotidiana del consultante debe, inicialmente, escribirla hacia el terapeuta. Este ejercicio pretende evocar el valor de expresar sentimientos, poner límites, pedir (o dar) ayuda o retroalimentación. Considere usar este ejercicio cuando se presenten situaciones terapéuticas que dañen o fortalezcan la relación terapéutica, por ejemplo, que el terapeuta tenga que cancelar una cita o que el consultante deba abandonarla por un tiempo de forma repentina, o incluso si un día el terapeuta y consultante han tenido una sesión particularmente útil; obviamente, esta carta es un buen ejercicio cuando el problema del consultante se relaciona con la expresión de sentimientos hacia los demás. Este ejercicio puede ser útil para consultantes que piensan compulsivamente sobre sus problemas interpersonales en vez de hablarlos. El proceso de discusión es el mismo mostrado en el ejercicio de los 100 positivos.

Ejercicio de las voces internas. En este ejercicio, terapeuta y consultante describen una lista de las distintas "voces" (cadenas de pensamiento que tienen sobre sí mismos) que les hablan a lo largo de la semana, desalentándolos o alentándolos por momentos a llevar el tipo de vida que persiguen. El ejercicio consiste de listar un máximo de 5 voces, ponerles un nombre (bautizarlas), escribir los sucesos que les dieron origen, describir las formas en que nuestras reacciones hacia ellas han resultado útiles o problemáticas a lo largo de la vida, monitorear la aparición de estas voces y eligiendo responder de forma útil y flexible (en función de las metas del momento) respecto a ellas a lo largo de las semanas. Este ejercicio es particularmente útil para evocar desarrollar una percepción del Yo como contenedor y observador de la experiencia, y para fortalecer el tacto del Yo bajo control privado (capítulo 5). También hemos encontrado que este es un ejercicio útil para evocar auto-aceptación y autocompasión (amor propio).

Como habrá podido apreciar, la FAP es un enfoque terapéutico muy flexible que implica una constante formulación y reformulación ideográfica del caso y la aplicación de una gran variedad de estrategias para identificar (Regla 1), evocar (Regla 2), reforzar (Regla 3), monitorear (Regla 4) y generalizar CCRs (Regla 5). La FAP es una terapia estrictamente funcional y, como tal, puede incorporar estrategias de gran variedad de psicoterapias incluso adoptarse para fortalecer otros modelos, lo que distingue a la FAP (y de lo que depende su éxito) es la adecuada implementación de sus 5 reglas y la adherencia a una estructura (capítulo 4) que facilite el cambio conductual progresivo y estable.

Anexo 6.1
Ejemplos de evocación reactiva de ACL

Contexto	Posible CCR2 evocada	Ejemplo
Durante la sesión, el consultante llora y hace poco contacto visual	*Auto consciencia*	¿Puedes observarte un momento e identificar donde te encuentras en un continuo entre el "piloto automático" y el "completamente vivo"? Mientras lloras, ¿puedes observarte y notar lo que estás sintiendo?
	Consciencia de los demás	Estás totalmente concentrado en ti mismo en este momento. ¿Tienes alguna consciencia de lo que yo podría estar sintiendo en este momento, teniéndote enfrente llorando de esta manera?
	Consciencia de los demás, ser vulnerable, auto-revelación	¿Puedes alejar tus manos de tus ojos un momento y mirarme?, ¿y estar con tu tristeza y conmigo al mismo tiempo, conectándote conmigo mientras lloras? Me es importante animarte a que me veas y te conectes conmigo.
	Auto-revelación	Sé que sabes lo que sientes en este momento. ¿hay algo importante que desees pedirme – para dejarme saber dónde estás y quien eres en este momento?
	Preguntas	¿Qué necesitas de mí en este momento? Esta es una oportunidad para pedirme por lo que desees, y me permitas intentar ayudarte.
	Proveer seguridad y aceptación	Sé que puedes asustar mucho a tus hijos cuándos actúas así, y que no es lo que quieres. Puedo sentirme cerca de ese miedo también, qué pudieran sentir al verte de esta forma. ¿Puedes ayudarme un poco, ayudarme a sentirme seguro sin que para eso tengas que negar o inhibir tus sentimientos?

	Vulnerabilidad, aceptar amor	Sé que puedes estar sintiendo enojo hacia ti misma por molestarte de nuevo. ¿Puedes aceptar mi protección en este momento?
Al inicio de la sesión, el consultante ignora lo que desea hablar	*Auto-consciencia*	¿Puedes notar lo que estás sintiendo en tu cuerpo? ¿Qué se siente no saber de qué hablar? ¿Puedes decirme si estás triste - enojada, alegre, o asustada en este momento?
	Auto-consciencia, ser vulnerable, auto-revelación	Solo nota, no tienes que compartírmelo, ¿cuál es la primera cosa que pasa por tu mente cuando te pido hablar de ello? ¿me puedes decir?"
	Consciencia de los demás	¿Estás consciente de lo que espero de ti en este momento?
	Auto-consciencia	¿Es una 1 o una 2 no saber qué hacer en este momento?
	Consciencia de los demás, preguntar	¿Quieres saber lo que creo que podríamos deberíamos hacer en este momento?
	Ser vulnerable	¿Qué tal si solo nos sentamos juntos con esta incomodidad de no saber dónde iniciar y qué hacer?
	Auto-revelación	¿Qué tal si solamente asociamos libremente en este momento? ¿Si solo dices lo primero que pase por tu mente, y yo solo escucho respetuosamente lo que tengas que decir?
	Preguntar	A veces, cuando te quedas callada como ahora, parece que es porque te da miedo decirme algo. Y me encantaría que me lo dijeras, ¿estoy en lo cierto?

El consultante se ve tenso y poco conectado, el terapeuta no está seguro si dijo algo que le molestó.	*Auto-consciencia, auto-revelación*	Creo que estás pasando por mucho en este momento y que solo estoy alcanzando la superficie de ello. ¿Pudieras compartirme un poco de lo que sientes en este momento?
	Preguntar	Parece que algo te preocupa. Me gustaría saber exactamente lo que necesitas para poder satisfacer esas necesidades.
	Proveer de seguridad y aceptación, entendimiento, dar	Realmente siento mucho peso encima el día de hoy; lamento si dije algo que te molestara. Parece que no estoy aquí completamente de la forma en que acostumbro estarlo.
	Auto-consciencia	Mientras hablas de esto que te es tan difícil, parece como si te estuvieras conteniendo; ¿estaría bien si pausamos un momento y tomamos unas respiraciones juntos para tratar de conectarnos con lo que estás sintiendo y podamos continuar?

Evocación deliberada de ACL

Objetivo posible	Evocar
Auto-consciencia	Enlentezcámonos un momento, respira profundamente y contáctate con tu cuerpo.
	Nota cómo se siente en tu cuerpo escuchar lo que digo en este momento...
	¿Puedes encontrar lo que sea puro y fuerte ("la 2") en tu comportamiento en este momento? ¿Solo notarlo en ti mismo?
	¿Puedes notar lo que estás sintiendo en este momento?
	Me has dicho que te resulta difícil saber lo que estás sintiendo. ¿Qué tal si nombro algunos sentimientos que pudieras estar experimentando, y pudieras verificar si me acerco en algún momento?
	Noté un destello momentáneo de emoción mientras hablábamos. ¿Pudiste identificar lo que estabas sintiendo?
	La gente tiene diversas formas de suprimir sus emociones. Una de mis consultantes me dijo que contaba regresivamente desde 1000. Otro que sostenía el aliento. ¿Puedes notarte haciendo algo para suprimir tus sentimientos en este momento?
	Nota si tienes algún deseo o urgencia en este momento.
	Te veo nerviosa. ¿Puedes mirar tu cuerpo y tu nerviosismo un momento?
	Mientras comenzamos nuestra sesión, date un momento para observar y buscar que es lo que te resulta de mayor importancia trabajar en este momento.
	Nos quedan solo 15 minutos de nuestra sesión de hoy. ¿Puedes escanear tu cuerpo rápidamente, tus valores, y checar si estamos satisfaciendo tus necesidades?

Nota si hay algún tipo de irritación o necesidades insatisfechas dentro de ti en este momento.

¿Puedes notar tus valores mientras me cuentas sobre esto?

Pausemos nuestra conversación un momento y recorramos nuestro cuerpo con nuestra atención para ver qué estamos experimentando.

Consciencia de los demás

(usualmente incluye auto-revelación de lo que uno está consciente)

¿Notaste que empezaste a moverte cuando te estaba dando retroalimentación? Tuve la sensación de que te la sacudías de encima. ¿Estabas consciente de que tuviste ese efecto en mí?

Mira mi rostro un momento, mis ojos, la expresión de mi rostro. Solo nótame.

¿Estás notando mi tono de voz en este momento?

¿Tienes idea de lo que espero de nuestra interacción en este momento?

Te movías muy rápido. ¿Escuchaste lo que acabo de decir? Quiero decir, ¿de verdad escuchar?

¿Qué reacciones crees que tengo sobre lo que dices?

Pareces interesado en la forma en que estoy reaccionando en este momento. ¿Qué notas en mí?

Te vez inmerso en tu propio mundo en esta sesión, como si estuvieras hablando sin notar que hay alguien más presente. Me pregunto si sería mejor que fueras particularmente consciente de mi presencia, de que hay otro ser humano que respira y siente sentado aquí contigo.

Parece que te sientes muy cómodo con el nivel de conflicto que existe en tu relación, y te ves así conmigo también. ¿Cómo crees que se siente para mi experimentar esta hostilidad?

Como sabes, parte de que las relaciones funcionen tiene que ver con prestar atención a los demás. Qué tan consciente eres del impacto que tienes en mi cuando...

No estoy seguro de que me miras cuando hablas. Noto que no estoy tan interesado como me gustaría y que esa sensación me lo dificulta. ¿Te estabas dando cuenta de ello?

<table>
<tr><td valign="top">

Ser vulnerable

(usualmente evoca también auto-revelación de vulnerabilidad, y a veces pedir algo)

</td><td valign="top">

"Hablando desde el corazón": pasemos 5 minutos hablando de la forma en que nos sentimos en este momento.

¿Puedes dejarme experimentar la forma en que te sientes en vez de luchar tan fuertemente contra ella?

¿Puedes arriesgarte un poco conmigo en esto?

Está bien llorar frente a mí. Veo las lágrimas en tus ojos.

¿Qué pensamientos y sensaciones tienes sobre la finalización de la terapia?

Supongo que puede ser difícil escuchar lo que acabo de decir. Quiero reconocer eso. ¿Puedes decirme cómo te sientes?

Noto que, al darme esa retroalimentación, parecías hablar un poco entre dientes, me fue difícil comprender. ¿Puedes repetirlo de manera abierta y franca?

Noto que eres muy cuidadosa al elegir las palabras que usas conmigo. ¿Estás evitando decirme algo? Si fueras menos cuidadosa, más vulnerable ¿qué me estarías diciendo?

Sé que es difícil expresarme tu desacuerdo. ¿Quieres seguir hablándome sobre esto?

¿Qué estás evitando decirme en este momento?

¿Puedes expresarme el dolor que hay detrás de este enojo? ¿Qué podría ayudarme a entender tu molestia?

¿Qué sientes al notar que nos estamos volviendo más cercanos?

Significa mucho para mí el que me digas cosas que no compartes con otras personas. Pero actúas como si no fuera gran cosa. ¿Cómo te sientes al notar que me has dicho esto?

Quisiera que nos enlenteciéramos un momento. ¿Puedes sentir tus propias palabras?

¿Puedes bajar un poco de la cabeza hacia tu corazón?

</td></tr>
</table>

Te noto muy intelectual en este momento. ¿Puedes dejar a tu parte emocional hablar un poco?

Parece que te quejas de tu familia conmigo, pero sin decirme en detalle cómo te sientes. ¿Puedes hablar de esto y dejarme ver cómo te sientes a l mismo tiempo? ¿Qué es lo que en realidad te molesta de todo esto?

Desde el corazón, ¿qué es lo más vulnerable que puedes decirme para despedirnos?

¿Qué arrepentimientos tienes sobre la terapia y que te gustaría decir antes de despedirnos?

Auto-revelación (usualmente evoca también el ser vulnerable)	¿Qué reacciones tienes sobre lo que acabo de decir? ¿De la explicación que acabo de darte? P.ej. ¿De participar en un estudio, hacia mí como tu terapeuta, al establecimiento de la agenda, a participar en una terapia estructurada, hacia la asignación de tareas, a participar en una terapia de duración limitada, etc.? ¿Qué estás sintiendo en este momento? ¿Me contarías una historia de tu vida donde te sentiste culpable o avergonzado? ¿Qué es lo que más anhelas alcanzar al trabajar conmigo? ¿Qué es lo que quisieras evitar hablar? ¿Cuáles son las metas que vez más difíciles de alcanzar en este momento? ¿Qué progresos haz hecho que te hacen sentir más orgullosa? Al mirar los progresos que hemos hecho ¿de qué área de tu vida te sientes decepcionada todavía? Me está costando trabajo saber qué es lo que te importa de esta situación. ¿Me puedes ayudar a entenderlo? ¿Qué es lo que te cuesta más trabajo expresar? ¿Qué es lo más difícil de pasar tiempo conmigo? ¿Qué te resulta difícil contarme de ti mismo?

	¿Qué de lo que ocurre en sesión es lo que te dificulta saber cómo te sientes?
	¿Qué es lo que te llama más la atención de tus interacciones conmigo?
Pedir	¿Hay algo que quisieras saber de mí?
	¿Tienes alguna duda de quién soy?
	¿Hay alguna retroalimentación negativa que quisieras darme?
	¿Qué podríamos hacer para conectarnos mejor?
	¿Qué necesitas de mi en este momento?
	¿Qué te gustaría cambiar de la terapia?
	¿Sobre qué sería importante que siguiéramos hablando?
	¿Cómo quisieras que cambiara esta situación?
	¿Hay algo específico que necesites de mí?
	¿Qué quisieras que hiciera diferente?
	Escucho una necesidad en lo que me dices, pero no me resulta clara. ¿Puedes ayudarme a entenderte?
	Noto que te estás esforzando para cuidar de mi en este momento. ¿Quién cuida de ti? ¿Qué puedo hacer para cuidar de ti?
	Creo que esto es muy difícil para ti – incluso atemorizante – pedirme lo que necesitas. ¿Estarías dispuesta a hacerlo con todo y ese miedo?
	¿Estás enojada conmigo?
	¿Qué de lo que hago te molesta?
Proveer seguridad (aceptación)	Me resulta difícil decirte esto, no quiero que te distancies de mí. La cuestión es que a veces me expresas tus sentimientos de forma muy intensa, y eso me asusta. Quiero estar presente contigo, y me resultaría útil si moderaras la intensidad un poco. ¿Qué piensas?

Proveer seguridad (aceptación)	Te vez irritado en este momento. ¿Puedes balancear tu molestia con hacerme sentir a salvo contigo?

Proveer seguridad (aceptación)

Te vez irritado en este momento. ¿Puedes balancear tu molestia con hacerme sentir a salvo contigo?

Parece que el enojo te sale muy fácil, y de verdad puede alejar a las personas. ¿Hay alguna forma de expresarme tu enojo que ayude para acercarnos emocionalmente?

Veo que estás experimentando mucha carga emocional en este momento. ¿Podrías, aún en este momento, hacerme notar que no soy invisible para ti?

Parece que cuando eres infeliz con alguien, tiendes a culparlos, incluyéndome. ¿Podemos analizar cuál es la contribución que cada quién esta haciendo para mantenernos en conflicto?

Me miras llorando al contar esta historia. ¿Cómo te sientes al llorar conmigo de esta forma? ¿Qué puedes decirme al respecto?

Entender (empatía)

¿Qué crees que estoy sintiendo en este momento?

¿Hay algo que puedes decir que me ayude a entender lo que estás experimentando?

¿Qué pudieras decirme que me ayude a sentirme mejor?

Si pudieras ver dentro de mi corazón, ¿qué crees que verías?

Nota mi rostro, mis ojos, mis emociones. ¿Qué puedes ver?

¿Puedes decirme lo que crees que estoy sintiendo?

¿Puedes ayudarme a ver que me estás comprendiendo?

¿Sientes empatía por mí? ¿Cómo puedes expresármela?

Parece que estamos discutiendo mucho el día de hoy. Incluso me siento un poco invalidado. Estoy tratando de ayudarte y me pregunto si puedes reconocerlo, incluso si no estás de acuerdo.

Significa mucho para mí que escuches lo que estoy diciendo. Usualmente te concentras mucho en los detalles de tu historia, agradezco que escuchas mis aportaciones.

Dar

Anteriormente te he hecho esta pregunta, y usualmente queda sin responderse. Quisiera que te quedaras conmigo y trataras de responderme, incluso si te sientes incómodo.

Noto que cambias el tema. ¿Podemos regresar?

Me he disculpado. ¿Podemos trabajar en disculparnos mutuamente?

Necesito cambiar la organización del tiempo de nuestra sesión. ¿Puedes hacer esto también?

Me has llamado frecuentemente entre sesiones. Quiero ayudarte, de verdad, y también quiero hablarte sobre mis límites personales. ¿Podemos hacerlo?

Nunca se si te presentarás o no a sesión. ¿Qué necesitaríamos hacer para que hicieras un compromiso, y supiera que vas a estar aquí cada semana?

¿Puedes prometerme no usar este lenguaje dentro de sesión?

¿Puedes darme retroalimentación sobre lo que he hecho bien?

Aceptar amor (vulnerabilidad)

Usualmente volteas tus ojos hacia arriba cuando te doy retroalimentación positiva. ¿Puedes abrirte un poco y evitar hacerlo?

De verdad me preocupa ayudarte. ¿Puedes ayudarme a hacerlo?

Cada que me dices "si, pero", pareciera que rechazas mis intentos de ayudarte. Quisiera que me permitieras tratar de ayudarte.

No va a pasar nada malo si me dejas intentar ayudar.

El terapeuta expresa su admiración por el consultante a través de diversas preguntas: ¿Cómo se siente en tu cuerpo escuchar eso de mi parte? ¿Puedes aceptar mis expresiones de afecto hacia ti? ¿Qué tan abierto a aceptar mis comentarios estás?

Aceptar amor (vulnerabilidad)	Quiero que sepas que respeto tu enojo. Lamento lo que hice. ¿Estás dispuesto a permitirme intentar repararlo?
	La habilidad de perdonar los errores de los demás es esencial para mantener la cercanía en tus relaciones interpersonales. Entiendo que estés molesto conmigo, y que quieras alejarte de mí en este momento. Pero eso sería repetir el patrón que has mantenido con las personas que se preocupan por ti. ¿Estarías dispuesto a hacer algo diferente esta vez? ¿Podemos trabajar para que perdones mi error?
	¿Qué surge en tu mente cuando nos notas más cercanos?
Auto-revelar cercanía y aprecio	¿Te sientes cercano y conectado conmigo en este momento? ¿Qué tal si te permites expresarlo en su totalidad?
	Sabes que me preocupo mucho por ti como mi consultante, y lo expreso con frecuencia. Difícilmente me dices algo de vuelta.
	He trabajado fuerte para tratar de transmitir que te acepto y respeto, y que trato de entenderte. ¿Puedes darme retroalimentación sobre cómo se siente?
	Parece que realmente estás haciendo de tu terapia una prioridad. ¿Puedes decirme lo que significa nuestra relación terapéutica para ti?
	¿Cuándo te sientes cerca de mí?
	Me pregunto qué es lo que aprecias de nuestro trabajo juntos. ¿Me lo dirías?
	Desde el corazón, ¿qué es lo más vulnerable que puedes decirme al despedirte de mí?
	¿Puedes expresarme aprecio? ¿Qué aprecias de la forma en que interactúo contigo?
	¿Qué es lo que destacarías de nuestra sesión anterior? ¿Qué es lo que te gustó de ella?
	¿De qué forma te estoy impactando en este momento?
	¿Que sientes que sea importante decirme en este momento?

Evocación deliberada de CCR2s a partir de CCR1s

	Ejemplos de preguntas para evaluar CCRs (Regla 1)	Hacer la interacción evocativa inmediatamente (Regla 2):
Consciencia de los demás	Noto que no estás haciendo mucho contacto visual conmigo. ¿Es esto algo típico en ti?	¿Podrías mantener el contacto visual conmigo?
	Estás hablando de un tema muy triste, e incluso siento que mis ojos se humedecen al escucharte. ¿Notas eso? ¿Usualmente notas la forma en que otros responden a ti?	Me pregunto si notas lo que me está pasando contigo en este momento. ¿Qué tal si te detienes por un momento, y prestas atención a mi reacción?
	Mi corazón late muy rápido al escucharte, esto se debe a que te veo agitado. ¿Ha notado cuando otras personas reaccionan así?	¿Tenías idea de que estaba teniendo estas reacciones? ¿Qué tal si trataras de recordar el prestar atención a esto mientras hablas?
	¿Eres capaz de leer mis gentos? ¿Imaginarte lo que estaré pensando mientras hablamos?	¿Qué es lo que vez en mi rostro en este momento? ¿Me veo despierto o adormilado?
	Tu historia es muy violenta. ¿Estás consciente de eso?	¿Cómo crees que estoy reaccionando? Si pudieras adivinar, sabiendo tanto como sabes de mí.
	Cuando hablas de esto con tu esposa, ¿notas cómo reacciona? ¿Quisieras saber cómo estoy reaccionando?	¿Qué tal si me haces algunas preguntas para ampliar tu consciencia de mis sentimientos?

Valor:	Me parece que quisieras pedirme que cambiemos la forma en que se organiza nuestro tiempo de sesión, pero que no te atreves a hacerlo. ¿Te resulta difícil hacer este tipo de peticiones a las personas?	Bueno, me pregunto si pudieras ser más directo, pedirme lo que necesitas, ¿podrías hacerlo de forma más clara?
Pedir		
Valor:	Tu mirada me dice que realmente quieres que nos conectemos en esto, pero solo estoy infiriendo. ¿Qué crees que pasaría si me lo dijeras de forma más directa? ¿Es esto muy difícil para ti?	Quiero desafiarte en este momento. Creo que puedes lograr algo. ¿Me dices que es lo que necesitarías de mi en este momento? ¿Podrías decírmelo para que pueda entenderte por completo?
Pedir		
Valor:	La semana pasada parecías frustrado conmigo y no dijiste nada. ¿Me estoy equivocando? Para la mayoría de la gente es difícil mostrar su frustración de manera comprensiva - ¿Te resulta difícil hacer esto con otras personas?	¿Estás frustrado conmigo en este momento? ¿me puedes contar al respecto? No sobre la forma en que te sentiste la semana pasada, sino cualquier atisbo de frustración que estés experimentando en este momento.
Pedir		
	Me da la impresión de que te sentiste satisfecho con nuestra sesión la semana pasada, solo que no dijiste nada. ¿Me podrías decir qué es lo que apreciaste de ella? Podríamos trabajar en ello, si quisieras volverte mejor en ello con otras personas...	¿Qué es lo que apreciaste más de nuestra sesión de hoy?

Supongamos que me pasa algo, como que mi madre falleciera o algo así. ¿Quisieras que te compartiera eso, o crees que eso complicaría nuestra relación? ¿Cómo responderías?

Si fueras a decir algo de verdad triste, y llorar como respuesta ¿cómo responderías a mi llanto? ¿Sería difícil para ti reaccionar comprensivamente a mis lágrimas? ¿Eso te distraería ¿Cuál sería tu reacción natural?

Si me notaras distraído en algún punto de la sesión, o molesto con algo, ¿cuál sería tu primer impulso? ¿Qué quisieras que hiciera?

Mi madre murió hace tres meses. Y me viene a la mente al trabajar contigo, no quiero seguir ocultándote esto que me sucedió.

¿Puedes ver las lágrimas que salen de mis ojos mientras hablamos? Me siento muy triste al escucharte. ¿Cómo te sientes al verme de esta forma?

Tuve una semana muy difícil, y siento todo el peso del mundo sobre mí en este momento.

A continuación, escriba los retos, las acciones fuera de su zona de seguridad y en la dirección a la que desea llevar su vida, que asumió durante esta sesión de psicoterapia. En la columna auto-cuidado escriba la forma en que procuró mantenerse dentro de su zona de auto-cuidado al adoptar esos retos.

	Retos	**Auto-cuidado**
Sesión		

A continuación, escriba los retos, las acciones fuera de su zona de seguridad y en la dirección a la que desea llevar su vida, que asumió durante los distintos días de la semana. En la columna auto-cuidado escriba la forma en que procuró mantenerse dentro de su zona de auto-cuidado al adoptar esos retos.

	Retos	**Auto-cuidado**
Lunes		
Martes		
Miércoles		

Jueves		
Viernes		
Sábado		
Domingo		

Capítulo 7:

Reglas 3, 4 y 5. Reforzar, verificar y generalizar el cambio

Amar por parte del terapeuta es responder de una forma que se asemeje y funcione como una relación genuina y protectora hacia el consultante. El amor terapéutico siempre es ético y está dirigido hacia el beneficio del consultante, por lo que requiere un constante monitoreo de su efecto y animar al consultante a generalizar sus progresos a otras áreas de su vida. El presente capítulo hace referencia a este proceso a partir de las tres últimas reglas de la FAP.

7.1. Reforzar CCR2s de forma natural (Regla 3).

Las únicas consecuencias naturales disponibles durante la sesión de terapia son de naturaleza interpersonal y, por lo tanto, inherentes al comportamiento del terapeuta. Paradójicamente, pareciera que esto hace que su administración sea más complicada pues los efectos de un reforzador natural parecieran desvanecerse cuando se intenta administrarlo de manera deliberada (Ferster, 1972). Así, cuando los terapeutas de FAP siguen la regla: "cuando un consultante demuestre progreso sea recíproco con él", un reforzador natural puede administrarse de manera deliberada y volverse arbitrario inadvertidamente, trayendo como consecuencia que los terapeutas puedan parecer falsos y tener justo el efecto contrario del que desean, el consultante puede sentirse manipulado y su conducta inhibirse en vez de reforzarse. Por estas razones, en los textos de FAP se evita, en la medida de lo posible, describir "formas de reforzar", y este texto no es la excepción, sin embargo, le daremos orientaciones útiles que pueden ayudarle a desarrollar la habilidad de reforzar naturalmente.

Siempre sea consciente de que la relación tiene como principal objetivo el beneficio del consultante. Detenerse un segundo después de que el consultante ha mostrado una CCR2 y preguntarse "¿qué es lo mejor que puede decírsele a mi consultante en este momento y a largo plazo"? puede ayudarle a discriminar cuál es la mejor de entre todas las opciones de respuesta que tiene en un momento dado.

Reforzar clases funcionales. Atienda a "patrones" o "tipos" de respuesta, más que a respuestas específicas, esto favorece su generalización y flexibilidad. Por ejemplo, un consultante que respondía descalificándose después de recibir retroalimentación, diciendo "soy un idiota" (CCR1), ahora analiza la crítica y encuentra en ella una orientación funcional (CCR2), "si, supongo que era mejor hablar en privado que decirlo enfrente de toda la familia". Atender a la clase funcional sería decir algo como "mmm... quisiera poder encontrar la utilidad dentro de la crítica cómo lo acabas de hacer", y sería más útil que responder sin atender a la clase diciendo "mmm... me siento aliviado de que vieras una utilidad en mi comentario".

Adaptar las expectativas al repertorio del consultante. Recuerde los principios del moldeamiento, cualquier alternativa funcional (aproximación) a la problemática es una CCR2 (aproximación). En muchas ocasiones es verdaderamente difícil para los terapeutas reconocer estos avances porque las CCR2s del momento parecieran tan problemáticas como las CCR1s, más si se observa con cuidado se puede reconocer que representan un tremendo ejercicio de consciencia y valor por parte del consultante. Piense en un consultante que se calla, se cruza los brazos, le mira fijamente, frunce el ceño y apresuradamente le dice "si ya entendí" (CCR2s), como alternativa a refutar irreflexivamente lo que le dice; puede que la primera respuesta no sea grata, aunque sea un acto de amor inmenso hacia usted el escucharle y darle la razón.

"Encontrar la CCR2 dentro de la CCR1", es particularmente útil cuando se dificulta mucho para el consultante aproximarse a su conducta meta; en el ejemplo anterior, el terapeuta podría decir algo como "no es nada fácil mostrar acuerdo cuando uno se siente incómodo". Encontrar la 2 dentro de la CCR1 implica una gran labor de discriminación por parte del terapeuta, la frase "encontrar la oportunidad en la crisis" ejemplifica este proceso.

Reforzar naturalmente. Reforzar naturalmente está relacionado directamente con actuar de forma espontánea y cotidiana, observar nuestra propia forma de responder con las personas con quienes nos sentimos más conectados puede ayudarnos a identificar nuestro propio repertorio y ensayarlo con el consultante.

Ejemplificamos este proceso a partir del modelo de Consciencia Valor y Amor. Por favor, tome en cuenta las diferencias culturales, de género, edad, etc. al analizar estos ejemplos. "Mostrar acuerdo" es una respuesta natural cuando las personas muestran consciencia de lo que ocurre en un momento, sus necesidades o las de otros, o hacen una observación apropiada sobre lo que ocurre en un momento dado. A veces el decir "si claro...", "por supuesto...", "yo lo creo también...", o simplemente "asentir con la cabeza" pueden ser formas de reforzar naturalmente una toma de consciencia; aunque la discriminación del consultante nos sea la más fina, recuerde encontrar la CCR2 dentro de la CCR1. Posteriormente, será necesario señalar el acto de "hacer consciencia de...".

"Asegurar seguridad y protección" es una respuesta natural cuando otra persona se atreve a sentirse vulnerable, frases como "tómate tu tiempo", "puedes dejarte sentir eso conmigo", "te doy tu espacio... si necesitas algo no dudes en pedírmelo" ejemplifican este proceso, así como dejar caer los hombros o alejarse un poco físicamente para "hacer espacio".

Otros ejemplos implican "validar" cuando alguien expresa sus opiniones o sentimientos, "yo también me siento así cuando...", "cualquiera sentiría...", es muy desagradable cuando...", etc. Satisfacer una necesidad cuando se pide algo, mostrar cercanía a partir de la auto-revelación o señalando las similitudes entre ambas personas, dar retroalimentación o proporcionar orientación cuando se pide una opinión, expresar afecto o reconocimiento con palabras o mediante un gesto físico, etc. Relacionar acciones con metas o valores, o preguntar "¿es esto lo que buscabas?" pueden ser formas naturales de reforzar que una persona actúa acorde a sus valores. De la misma forma, preguntar "¿cómo se siente?" o expresar alegría es una forma natural de reaccionar a muestras de auto-respeto o auto-cuidado.

La fortaleza de responder naturalmente es que, con frecuencia, se favorece la naturalidad y potencia del refuerzo, sin embargo, tiene la limitante de referirse a la interacción y acción del momento (ver la especificación sobre reforzar clases funcionales anteriormente descrito), sobre todo si el refuerzo implica más una expresión corporal o afectiva que una frase. La regla 5 (ver abajo) implica regresar a la interacción y hacer un análisis funcional de ella, ésta es una valiosa oportunidad para tomar muestras de conducta y crear clases funcionales que puedan generalizarse (CCR3(2)); asimismo, permite definir similitudes y diferencias entre lo ocurrido en sesión y las contingencias del ambiente natural, previniendo que las OR2s estén bajo el control del terapeuta y no de las contingencias naturales.

Ser uno mismo (respetando los límites de la relación terapéutica). El refuerzo natural ocurre en la comunidad socio-verbal del consultante, ya que el terapeuta es miembro de la misma comunidad, tiene acceso a los reforzadores que se recibirían normalmente en dicho contexto (Tsai & Kohlenberg 1991); aunque la disponibilidad está limitada por las diferencias socioeconómicas entre consultante y terapeuta, algo que puede discutirse como parte de la regla 5. A pesar de las diferencias, responder ante el consultante como se haría ante una persona de características similares en la vida cotidiana es una buena manera de favorecer la naturalidad del refuerzo.

Amplificación. En el capítulo anterior, describimos al "acento emocional" del uso del lenguaje verbal y no verbal como una poderosa herramienta evocativa; estas mismas funciones aplican para el refuerzo también. Mirar fijamente al consultante, o variar la velocidad o volumen de la voz, pueden servir para amplificar la intensidad del refuerzo del terapeuta e incrementar su impacto; siempre cuidando que esta amplificación no sea tal que la respuesta del terapeuta pierda significancia por exagerarse de forma tal que parezca artificial. Recuerde que las palabras también pueden relacionarse de forma que incrementen su función de refuerzo (un efecto conocido como augmental en la aproximación conductual al lenguaje llamada teoría del marco relacional; Törneke, 2010).

El uso de reforzadores atípicos. Un terapeuta podría elegir utilizar reforzadores arbitrarios transitoriamente cuando parece que los refuerzos naturales no surten efecto; como ejemplo, el terapeuta puede elegir dar un tiempo para hablar de temas que no parecen fundamentales en la terapia, terminar la sesión con un juego, o incluso dar retroalimentación o hablar de las propias reacciones de una forma explícita y didáctica. El uso de estos reforzadores debe discutirse con el consultante y acordarse como un método de incrementar las CCR2s que debe desvanecerse progresivamente hasta que la conducta se mantenga por su capacidad para provocar efectos reforzadores de forma natural. Un ejemplo de un reforzador arbitrario puede ser una auto-revelación didáctica, por ejemplo: "Veo que esta sesión tu discurso está más orientado a las soluciones que en otras ocasiones, eso definitivamente hace que mi trabajo como terapeuta sea más fácil".

Atender a las TRs. La capacidad de reforzar naturalmente inmediatamente después de notar una CCR2 está afectada por diversas condiciones como la exposición a situaciones estresantes durante el día, privación de sueño o alimento, enfermedad física, etc. (ver operaciones de establecimiento en el capítulo 1). Convendría que el terapeuta atendiera a su autocuidado (TR2s, ver capítulo 5) como una forma de ayudarse a reforzar de forma natural. Otra idea discutida en diversos textos sobre FAP (Ko-

hlenberg & Tsai, 1991) es "hacer buenas obras en la vida cotidiana", como una manera de ampliar el repertorio de observación, valor y amor del terapeuta (TR2s). La supervisión y revisión
de grabaciones de sesión es otra forma de discriminar TRs, así
como de favorecer la implementación del refuerzo en favor del
paciente (como una verdadera regla 3 en FAP), el ejercicio ético de FAP implica que el terapeuta moldee comportamientos al
servicio de los intereses del consultante y nunca al servicio de
sus propios propósitos; muchas veces la supervisión es la única
forma de distinguir este tipo de conflictos.

7.2. Estrategias para verificar el efecto de refuerzo (Regla 4).

La Regla 4 implica prestar atención a las reacciones del
cliente respecto al intento de refuerzo por parte del terapeuta.
Este proceso es fundamental para verificar que la Regla 3 cum-
plió su cometido pues, por definición, la única forma de saber
si una conducta fue reforzada es porque se ha fortalecido. Este
proceso permite también que el comportamiento del terapeuta
se refuerce diferencialmente, ya que, a partir de esta verificación, permite que su conducta varíe naturalmente para ajustarse
a lo que mejor funciona para los intereses de cada consultante. A
continuación, describimos algunas estrategias que pueden considerarse para verificar el efecto del refuerzo (Regla 4), incluyendo tanto medios implícitos como explícitos.

7.2.1 Estrategias explícitas.

La única forma en que el terapeuta sabe si una respuesta
que intentaba reforzar en realidad lo hizo, es observar el incremento en la frecuencia, intensidad o duración de la misma. Sin
embargo, ya que el efecto del refuerzo es realmente desconocido
hasta que se observen los impactos en el curso de la semana
o hasta la siguiente sesión, preguntar directamente por el im-

pacto del refuerzo puede servir para orientarse. Preguntar *"¿Qué impacto te genera lo que acabo de decir?"*, *"¿Qué efecto puede tener en tu comportamiento saber que me generaste este impacto?"*, *"¿Crees que mi respuesta hace más o menos probable que reacciones así en el futuro"?* pueden servir para evaluar explícitamente el impacto del refuerzo.

Kohlenberg y Tsai (1991) advierten sobre lo importante que es valorar el momento correcto de hacer estas preguntas, las interacciones Regla 2 ↔ Regla 3 pueden ser muy intensas y en ocasiones prolongadas, y preguntar directamente por el efecto puede truncar la interacción natural o distraer de la intensidad del momento, mermando así el efecto del refuerzo.

Las hojas de enlace entre sesiones (Formato 4.1) y los Diarios de Retos y Autocuidado (Formato 6.1) son otra forma explícita de valorar el efecto del terapeuta, pues en ellos se reporta directamente el efecto que éste tiene sobre las CCR2s u OR2s.

7.2.2. Evaluar implícitamente.

Este método de evaluación se refiere básicamente a evaluar por observación. Observar un incremento en la frecuencia o intensidad de las CCR2s, o un decremento en alguna dimensión de una CCR1, inmediatamente después del refuerzo natural del terapeuta, y durante las siguientes sesiones es la mejor forma de verificar que en realidad existió un efecto terapéutico.

7.3. Estrategias para analizar y generalizar el cambio (Regla 5).

Es usual que los consultantes busquen explicaciones a su comportamiento, o que en ocasiones los terapeutas tengan la necesidad de orientarlos sobre las razones por las que un hábito se desarrolla o cuesta tanto esfuerzo cambiarlo. Desde una perspectiva funcional, las explicaciones que se dan funcionan como "razones" (ver capítulo 5), y la tarea del terapeuta es ayudar al consultante a encontrar las razones que le ponen en una posición de elección para resolver sus problemas, lograr sus metas y generalizar su progreso a otras áreas de su vida. Así, una razón útil incluye las situaciones en las cuales una conducta dada es útil para lograr un efecto deseado, es decir que las razones útiles desde la óptica de la FAP implican la "especificación de contingencias" que favorece la transformación de las CCR2s en O2s, es decir "su generalización al ambiente natural".

7.3.1 Evocar CCR3(2).

La Regla 5 es el momento de hablar de la relación terapéutica y sus efectos, capitaliza el trabajo realizado al implementar las otras cuatro reglas, ya que implica el análisis detallado de las interacciones "Regla 2 ↔ Regla 3 ↔ Regla 4" que, en la mayoría de las ocasiones pasan inadvertidas para el consultante (y en ocasiones para el terapeuta); recuerde que el refuerzo muchas veces es meramente gestual, y la regla 4 implica pura observación, la evocación de CCR3(2) incluye el rastreo de contingencias y la funcionalidad del comportamiento, es una forma explícita de desarrollar mayor sensibilidad al contexto y valorar la congruencia funcional del propio comportamiento.

Una razón que especifica contingencias (Regla 3(2)), funciona como una "validación" para el comportamiento del consultante, y contrarresta las etiquetas totalitarias dirigidas al sí mismo y juicios peyorativos que pudiera realizar respecto a su propio comportamiento. En otras palabras, evocar CCR3(2) es también una forma de desarrollar auto-compasión y una percepción flexible del Yo.

7.3.1.1 Evocar OR2 (Generalizar CCR2s).

Existen diversas estrategias para favorecer la evocación espontánea de OR2s, una de ellas es favoreciendo la autenticidad y naturalidad de la relación terapéutica, favorecer que se piense en la situación terapéutica como un espejo del ambiente natural, y crear clases de respuestas. Estas estrategias empiezan a implementarse desde el momento de la entrevista y deben mantenerse constantes hasta la finalización de la terapia.

La naturalidad de la relación terapéutica como forma para favorecer la generalización de respuesta. La naturalidad de la relación terapéutica y el refuerzo del terapeuta facilita un proceso llamado "generalización estimular", que se refiere a que estímulos similares en su forma adquieren la misma función solo por su semejanza física. Este proceso de generalización de estímulos tiene como consecuencia que las CCR2s reforzadas en sesión se evoquen de forma natural ante eventos similares del ambiente natural por que adquieren las mismas funciones (generalización funcional). No obstante, estas similitudes formales no siempre existen y este proceso puede faltar, lo que no implica un impedimento para que la transformación de CCRs a ORs ocurra. La transferencia de funciones, es un proceso que se refiere a la extensión de una respuesta a otros eventos de función similar, esto quiere decir que una CCR2 reforzada en sesión, digamos intimidad, se evocará de manera espontánea en otra situación donde sea necesaria, aunque la persona o el ambiente sean diferentes formalmente.

Señalar paralelos dentro y fuera de sesión para favorecer la transferencia del aprendizaje. La transferencia de funciones es un proceso que puede favorecerse promoviendo y reforzando comentarios relacionados con la situación presente de la terapia, p.ej. preguntando: *"¿qué piensas sobre la utilidad de decirme lo que sientes aunque te resulte vergonzoso?";* comparaciones entre los acontecimientos que ocurren dentro y fuera de la sesión, *"tu dirías que lo que acaba de ocurrir es diferente o parecido a lo que deseas que pase con tu esposa";* y hablando de los acontecimientos de la vida cotidiana como metáforas de lo ocurrido en terapia, *"me pregunto si este conflicto que tienes con tu psiquiatra es...".* En esencia, identificar las contingencias de una CCR2s y establecer un paralelo con la forma en que este comportamiento pudiera mostrarse o diferir en situaciones similares del ambiente natural para lograr los mismos efectos es el corazón de la transferencia de funciones; el mismo proceso puede darse de forma inversa, identificar las contingencias de una OR2s e identificar situaciones donde esta podría lograr el mismo efecto con el terapeuta.

Una variante de esta estrategia es preguntar deliberadamente por situaciones similares, por ejemplo, ¿en qué otras situaciones vale la pena intentar...?, ¿Con qué otras personas es importante atreverte a...?, ¿Con quién más sería importante tener el valor de...?, etc.

Crear categorías (clases) de respuesta. Animar al consultante a asignar diversas unidades de respuesta a una categoría mayor puede permitir que estas se generalicen automáticamente en las situaciones pertinentes a la categoría, p.ej. si expresar los puntos de vista, negociar, escuchar antes de hablar, poner límites, etc. entran en la misma categoría a la que llamamos "ser asertivo", se favorece la posibilidad de que el consultante derive todas estas opciones de respuesta ante situaciones donde "ser asertivo" se requiera. Repetir este proceso en diversas situaciones promueve que el consultante cree clases funcionales y asigne nuevos comportamientos a clases preexistentes como una operante generalizada al analizar su propio comportamiento, lo que facilita que derive automáticamente variedad de respuestas funcionales ante situaciones similares incluso después de haber concluido la terapia.

Ejemplos de preguntas que pueden favorecer la formación de categorías son: "¿De qué otras formas se puede ser... (por ejemplo, *"disciplinado"*) ?, ¿De qué otras maneras haz logrado... (por ejemplo, *"negociar"*) en el pasado?, ¿Qué más se puede intentar esta semana que permita lograr... (ser *"cariñoso"*) ?, ¿Qué otros recursos tienes para... (mostrar esta *"dignidad"*)?

Adaptar las ORs a las condiciones naturales. Una de las complicaciones del trabajo de FAP es que, aunque el terapeuta sea tan auténtico y natural como pueda, sigue siendo un terapeuta y su oficio un consultorio de psicoterapia. Muchos consultantes señalarán que el ambiente natural no presenta las consecuencias adecuadas para mostrar O2s (p.ej. mi padre no escucha o, tú me hablas de lo que sientes, pero mi esposo no lo hace), o falla en reforzarlas (p.ej. cuando expreso mi tristeza mi familia cambia el tema, aunque quiero expresar mis ideas en las juntas de trabajo lo hago de forma tan poco fluida que empiezan a hacerme gestos y termino cediendo la palabra). En estos casos resulta muy útil adoptar un método de encadenamiento donde pedimos al consultante presentar solo una porción de la conducta deseada, de forma que poco a poco vaya sumando eslabones a la cadena hasta que esta se presente apropiadamente.

Otra estrategia que puede resultar útil es preguntar al consultante la forma en que su comportamiento tendría que variar dependiendo de las circunstancias, preguntas como: "¿Cuál sería la forma de expresarle esto a...?", "¿Cómo ajustar esta respuesta cuando hablas con...?", "En el pasado ¿Qué te ha funcionado para lograr... con...?" o "¿Cómo lograr esto con...?", pueden ayudar a anticipar obstáculos y flexibilizar las OR2s dependiendo del contexto. Evocar consciencia es una excelente manera de prevenir resultados indeseados en el momento de intentar generalizar.

7.3.1.2 Evocar OR2s mediante la asignación de tareas de reforzamiento.

La FAP es una terapia conductual y, como tal, pretende cambiar la conducta del consultante fuera del consultorio. Las tareas de reforzamiento son muy importantes para esta tarea, idealmente se derivan de las CCRs mostradas dentro de la sesión e implican el ensayo de respuestas funcionalmente equivalentes. Para que las tareas cumplan su objetivo es útil tomar en consideración algunos principios:

Entrenamiento en múltiples ejemplos. Ensayar una OR tanto como sea posible y en escenarios tan variados como se pueda es la mejor forma de generar flexibilidad y fluidez en las clases de respuesta que se presente fortalecer. Considere que el contexto en el que el consultante desea mostrar una OR2 puede ser par-

ticularmente desafiante, ensayar en muchas otras situaciones
como un ensayo es una buena forma de discriminar oportunidades para actuar, aprender a adaptar la respuesta a la situación,
y reconocer una gran variedad de consecuencias (p.ej. reconocer
que muchas veces obtener un silencio es la mejor consecuencia
que se puede escribir). Este principio se puede explicar al consultante para que tenga sentido ensayar la OR2 tan frecuentemente como lo requiera e, incluso, cuando no lo requiera.

Valorar cuando la generalización falla. Si la generalización
falla o se dificulta, considere las siguientes hipótesis.

A. Deficiente control de estímulos: La OR2 puede estar
    fallando en presentarse porque no se evoca de manera
    natural en el ambiente, introducir recordatorios o au-
    xiliarse de otras personas que le estimulen favorecen
    la evocación de la OR y con el tiempo ésta empezará a
    estar controlada por los estímulos naturales.

B. Déficit de habilidades: Puede que el consultante care-
    ce de la destreza suficiente para mostrar el nivel de
    ejecución requerido para que el ambiente refuerce la
    OR2, entrenar habilidades dentro de sesión (habilida-
    des de resolución de problemas, interpersonales, de
    mindfulness, de regulación emocional, etc.) y ensayar
    la conducta en situaciones progresivamente desafian-
    tes puede ayudar a desarrollar destrezas rápidamente.

C. Contingencias indeseadas. En situaciones donde el
    consultante tiene poca influencia sobre el ambien-
    te, por su edad, capacidades intelectuales, estado de
    salud, etc., puede resultar muy útil intervenir con las
    personas cercanas en la vida del consultante para en-
    señarles a evocar y reforzar OR2s mientras estas se
    vuelven naturales. Otra posibilidad es que un evento
    privado inhiba la respuesta deseada, por ejemplo, te-
    mor o dudas de poder lograr el resultado deseado, en
    este caso, reorientar la intervención hacia el refuerzo
    y práctica de habilidades de consciencia (p.ej. mind-

fulness) o de experimentación de vulnerabilidad (p.ej.
exposición con prevención de respuesta) puede ser un
requisito previo a la generalización de las OR2s.

Capítulo 8:

El camino de la psicoterapia analítica funcional

Básicamente, la FAP es el uso estratégico del poder transformativo de la relación terapéutica. Un proceso resumido en la implementación de 5 reglas que guían la actuación del terapeuta, de forma que pueda ayudar a los consultantes a dar lo mejor de ellos mismos en servicio de sus sueños. En el corazón de este proceso se encuentra la disposición de experimentar la vulnerabilidad que acompaña el alejarse de la comodidad de lo familiar para explorar las profundidades del autodesarrollo, un regalo dirigido hacia uno mismo y quienes le son significativos.

Esta aspiración guía nuestra misión psicoterapéutica, para lograrlo, asumimos una actitud científica y, con ello, un compromiso para orientar nuestra práctica en los datos de investigación existentes, y con la convicción de desarrollar más investigación que permita refinar nuestra práctica.

Hasta el momento, la mayoría de los estudios de eficacia sobre FAP se encuentran en estudios de caso (el sitio web http://functionalanalyticpsychotherapy.com/ contiene una gran variedad de artículos teóricos y estudios de caso en diversos idiomas que pueden consultarse sin costo). Sin embargo, en los últimos años se ha elevado el interés por desarrollar investigación controlada sobre sus mecanismos de cambio (Darrow, Dalto & Follette, 2012; Haworth et al. 2015; Laudes, Kanter, Weeks & Busch, 2013; Vandenberghe & Silva, 2013), y los beneficios que el entrenamiento en FAP trae para terapeutas de diversas aproximaciones mostrando, por ejemplo, que mejora la eficacia de la implementación de la Terapia Dialéctica Conductual (Waltz, Landes & Holman, 2010).

Así mismo, el país de origen de los estudios sobre FAP ha crecido en los últimos años de EUA (Mangabeira, Kanter, & Del Prette, 2012) a otros países como Italia, Canadá, Reino Unido y España (Valero & Ferro, 2015), siendo notable el crecimiento de publicaciones y laboratorios en países latinoamericanos como Colombia y especialmente Brasil, así como en México donde recientemente se realizó un estudio que mostró su impacto en la reducción del Burnout en psicoterapeutas (Reyes, Kanter & Santos, 2014) y un estudio aleatorizado controlado donde se encontró su utilidad en la reducción de la severidad de síntomas en consultantes diagnosticados con Trastorno Límite de la Personalidad (Reyes, Vargas, Kanter & Tsai, 2016). A continuación haremos una breve mención de estudios de caso y estudios controlados publicados donde se ha evaluado el impacto de FAP y sus mecanismos de cambio, somos concientes de que omitimos describir los detalles de los estudios y sus resultados y animamos a los lectores a revisar los estudios originales para obtener mayor información (nuestro interés principal es mostrar el desarrollo de las recientes investigaciones en FAP y no hacer una revisión de las mismas.Una revisión se encuentra actualmente en desarrollo por Kanter, Manbeck, Kuczynski, Maitland, Villas-Bôas y Reyes-Ortega.

Los estudios de caso cualitativos que se han publicado hasta el momento incluyen problemas de depresión (Ferro García, Valero Aguayo & Vives Montero, 2000; Gómez & Gutiérrez, 2008; Dougher & Hackbert, 1994; Freitas, 2011; Kohlenberg, Tsai, Parker, Bolling, & Kanter, 1999; López Bermúdez, Ferro García, & Valero Aguayo, 2010; Wagner, 2005), agorafobia (de Sousa, 2003), ansiedad (Gómez, & Gutiérrez, 2008; López Bermúdez, Ferro García, & Calvillo, 2010), trastorno por estrés postraumático (Wagner, 2005), dolor crónico (Vandenberghe, Barbosa Ferro, & Cruz, 2003), trastorno obsesivo compulsivo (Kohlenberg & Vandenberghe, 2007; Mendes & Vandenberghe, 2009; Vandenberghe, 2007), trastorno de personalidad obsesivo compulsivo (Manduchi & Schoendorff, 2012), trastorno límite de la personalidad (de Sousa, 2003; Ferro García, Aguayo, & Bermúdez, 2009; Kohlenberg & Tsai, 2000; Manduchi & Schoendorff, 2012; Wagner, 2005), trastorno de personalidad esquizotípico (Ferro García et al., 2009), trastornos del Yo (Ferro García et al., 2009), trastornos del pensamiento (Holmes, Dykstra, Williams, Diwan, & River, 2003), comportamiento agresivo u oposicionista desafiante (Gosch & Vandenberghe, 2004; Vandenberghe & Basso, 2004), tartamudeo (da Silva Candido Dias & Vandenberge, 2014), dolor crónico (Vandenberghe et al., 2003), toqueteos inadecuados (Holmes et al., 2003), trastornos del orgasmo (Vandenberghe, Nasser, & Silva, 2010) y problemas en las relaciones interpersonales (da Silva Dias & da Silveira, 2016; Vandenberghe et al., 2010).

Los estudios de caso cuantitativos no controlados documentan los impactos positivos de FAP en problemas de depresión (Kroenke, Spitzer, & Williams, 2001; Ferro-Garcia, Lopez-Bermudez, & Valero-Aguayo, 2012), existiendo también estudios controlados (Kohlenberg & Tsai, 1994). Otros estudios de caso controlados realizados muestran la eficacia de FAP en la reducción del consumo de nicotina y cannabis (Gifford et al. 2011; Holman et al. 2012; Paul, Marx & Orsillo, 1999). También existen estudios de caso controlados donde se ha demostrado la utilidad de combinar FAP con otras psicoterapias como Terapia Cognitiva (Busch et al. 2009; Gaynor & Lawrence, 2002; Gaynor & Scott, 2002; Kanter et al. 2006; Kohlenberg, Kanter, Tsai, & Weeks, 2010), terapia de pareja (Weeks, 2013), Terapia de Aceptación y Compromiso (Baruch, Kanter, Busch y Juskiewicz, 2009; Callaghan et al., 2004; Cattivelli, Musetti y Perini, 2014; Gifford et al., 2011; Paul, Marx & Orsillo, 1999; Reyes, Vargas & Miranda, 2014), Terapia de Activación Conductual (Holman et al. 2012; McClafferty, 2012; Manos et al., 2009), Mindfulness (Bowen, Haworth, Grow, Tsai & Kolenberg, 2012; Collins, 2012) y Entrenamientos en Habilidades Sociales (Landes, Kanter, Weeks & Bush, 2013). También existen estudios de grupos controlados donde se ha mostrado la superioridad de combinar FAP con otros tratamientos, incluyendo Terapia Cognitiva (Kohlenberg et al. 2002), Terapia Interpersonal (Maitland & Gaynor, 2012), Terapia Conductual para la disminución del Tabaquismo, y un programa de intervención con adolescentes (Gifford et al. 2011).

El impacto de FAP sobre el funcionamiento social como variable transdiagnóstica ha sido evaluado en dos estudios de grupo controlados (Maitland & Gaynor, 2016; Maitland, Petts, Knott, Briggs, Moore, & Gaynor, 2016). Dos reportes muestran la eficacia de FAP en estudios de grupo controlados con niños y adolescentes (Cattivelli, Tirelli, Berardo, & Perini, 2012; Gaynor & Lawrence, 2002).

Los análisis microproceso que evalúan los mecanismos de cambio en FAP incluyen la documentación del cambio de la cualidad de la voz y CCR2s (Cordova & Koerner, 1993), el uso de un sistema de codificación de comportamiento en sesión llamado FAPRS (Busch, Callaghan, Kanter, Baruch, & Weeks, 2010; Busch, Kanter, Callaghan, Baruch, Weeks, & Berlin, 2009; Callaghan, Summers, & Weidman, 2003; Callaghan, Follette, Ruckstuhl, & Linnerooth, 2008; Oshiro, Kanter, & Meyer, 2012). También existen otros estudios de caso único donde se ha combinado la evaluación del comportamiento dentro y fuera de la sesión (Kanter et al. 2006; Landes, Kanter, Weeks, & Busch, 2013; Lizarazo, Muñoz-Martinez, Santos, & Kanter, 2015; Villas-Bôas, Meyer, & Kanter, 2016).

Tres estudios han documentado el impacto que el entrenamiento estructurado en FAP tiene en los terapeutas (Kanter, Tsai, Holman, & Koerner, 2012; Maitland, Kanter, Tsai, Kuczynski, Manbeck & Kohlenberg, 2016; Keng, Waddington, Lin, Tan, Henn-Haase & Kanter, en prensa). Los estudios muestran la mejoría de los participantes en empatía, y habilidades de FAP en los participantes, en comparación con los controles.

Por el momento, esta obra representa nuestra interpretación de lo que los datos de investigación, y los manuales que han ayudado a producirlos, nos dicen sobre las formas útiles de contribuir al cambio de nuestros consultantes mediante la administración de contingencias en vivo durante la sesión terapéutica. Así, el valor de este libro deberá juzgarse por su utilidad para ayudar a los lectores a crear relaciones terapéuticas que sirvan como un instrumento de cambio en sí mismas.

Referencias

Aron A., Aron E. N., & Smollan, D. (1992). Inclusion of Other in the Self Scale and the structure of interpersonal closeness. *Journal of Personality and Social Psychology, 63*(4), 596-612.

Barnes-Holmes, D., Barnes-Holmes, Y., & Cullinan, V. (2000). Relational frame theory and Skinner's Verbal Behavior: A possible synthesis. *Behavior Analyst, 23*(1), 69-84.

Barraca Mairal, J. (2014). *Técnicas de modificación de conducta: una guía para su puesta en práctica.* Madrid: Editorial Síntesis.

Baruch, D. E., Kanter, J. W., Busch, A. M., & Juskiewicz, K. (2009). Enhancing the therapy relationship in Acceptance and Commitment Therapy for psychotic symptoms. *Clinical Case Studies, 8*, 241-257.

Bowen, S., Haworth, K., Grow, J. Tsai, & Kohlenberg, R.J. (2012). Interpersonal mindfulness informed by Functional Analytic Psychotherapy: Finding from a Pilot Randomized Trial. International Journal of Behavioral Consultation and Therapy, 7, 2-3. 9-15.

Brunell, A. B., Kernis, M. H., Goldman, B. M., Heppner, W., Davis, P., Cascio, E. V., & Webster, G. D. (2010). Dispositional authenticity and romantic relationship functioning. *Personality and Individual Differences, 48*(8), 900-905.

Busch, A. M., Callaghan, G. M., Kanter, J. W., Baruch, D. E., & Weeks, C. (2010). The Functional Analytic Psychotherapy Rating Scale: A replication and extension. Journal of Contemporary Psychotherapy, 40, 11–19. doi:10.1007/s10879-009-9122-8.

Busch, A. M., Kanter, J.W., Callaghan, G. M., Baruch, D. E.,Weeks, C. E., & Berlin, K. S. (2009). A micro-process analysis of functional analytic psychotherapy's mechanism of change. Behavior Therapy, 40, 280–290. doi:10.1016/j.beth.2008.07.003.

Cacioppo, J. T., & Patrick, B. (2008). *Loneliness: Human nature and the need for social connection.* Nueva York: W. W. Norton.

Callaghan, G. M. (2006a). The Functional Idiographic Assessment Template (FIAT) System. The Behavior Analyst Today, 7, 357-398.

Callaghan, G. M. (2006b). Functional Assessment of Skills for Interpersonal Therapists: The FASIT System. For the assessment of therapist behavior for interpersonally-based interventions including Functional Analytic Psychotherapy or FAP- enhanced treatments. The Behavior Analyst Today, 7(3), 399-433.

Callaghan, G. M., Follette, W. C., Ruckstuhl, L. E., & Linnerooth, P. J. N. (2008). The Functional Analytic Psychotherapy Rating Scale: A behavioral psychotherapy coding system. The Behavior Analyst Today, 9, 98–116. Retrieved from http://eric.ed.gov/?id=EJ800988.

Callaghan, G. M., Gregg, J. A., Marx, B. P., Kohlenberg, B. S. & Gifford, E. (2004). FACT: The utility of an integration of Functional Analytic Psychotherapy and Acceptance and Commitment Therapy to alleviate human suffering. Psychotherapy: Theory, Research, Practice, Training, 41, 195-207.

Canevello, A., & Crocker, J. (2010). Creating good relationships: responsiveness, relationship quality, and interpersonal goals. *Journal of Personality and Social Psychology, 99*(1), 78.

Carter, C. S. (1998). Neuroendocrine perspectives on social attachment and love. *Psychoneuroendocrinology, 23*(8), 779-818.

Cattivelli, R., Musetti, A., & Perini, S. (2014). L'approccio ACT-FAP nella promozione delle abilitá socialli in adolescenti e preadolescenti con fdifficoltá emotive. *Psicologia dell'Educazione, 8*(1), 97-112. Darrow, S.M., Dalto, G., & Follete, W.C. (2012). Equifinality in Functional Analytic Psychotherapy: Different strokes for diferent folks. *International Journal of Behavior and Cognitive Therapy, 7*, 38-44.

Cattivelli, R., Tirelli, V. Berardo, F., & Perini, S. (2012). Promoting appropriate behavior in daily life context using Functional Analytic Psychotherapy in early-adolescent children. International Journal of Behavioral Consultation and Therapy, 7, 25-32.

Collins, P. (2012). An example of a Hakomi technique adapted for Functional Analytic Psychotherapy. International Journal of Behavioral Consultation and Therapy, 7, 33- 38.

Cordova, J. V.; Scott, R. L. (2001) Intimacy: a behavioral interpretation. *The Behavior Analyst*, 24(1), pp. 75-86.

Cuthbert BN, Kozak MJ. Constructing constructs for psychopathology: The NIMH research domain criteria. J Abnorm Psychol 2013 Aug;122(3):928-37.

da Silva Candido Dias, T. & Vandenberghe, L. (2014). O tratamento do comportamento de gaguejar e o relacionamento terapeuta-

-cliente: Um estudo de caso. Acta Comportamentalia, 22, 352-364.

da Silva Dias, A. & da Silveira, J. (2015). Comparação de duas intervenções no tratamento de um casal: O treino do comportamento vulnerável à punição. Acta Comportamentalia, 24, 61-77. ßlooks like it has some data

Darrow, S.M., Callaghan, G.C., Bonow, J.T., & Follette, W.C. (2014). The Functional Idiographic Assessment Template-Questionnnaire (FIAT-Q): initial psycometric properties. Journal of Contextual Behavior Science, 3(2), 124-135.

de Sousa, A. (2003). Transtorno de personalidade borderline sob uma perpectiva analitico-funcional. Revista Brasileira de Terapia Comportamental e Cognitiva, 2, 121-137.

Dougher M.J. & Hayes S.C. (2000). Clinical Behavior Analysis. En M. J. Dougher (Ed.), *Clinical behavior analysis* (pp. 11-25). Reno: Context Press.

Dougher, M. & Hackbert, L. (1994). A behavior-analytic account of depression and a case report using accentance-based procedures. The Behavior Analyst, 17, 321-334.

English, T., & John, O. P. (2013). Understanding the social effects of emotion regulation: The mediating role of authenticity for individual differences in suppression. *Emotion, 13*(2), 314.

Ferro García, R., Valero Aguayo, L. & Vives Montero, C. (2000). Aplicación de la psicoterapia analítica funcional. Un análisis clínico de un trastorno depresivo. Análisis y Modificación de Conducta, vol. 26 (106), 291-317.

Ferro García, R., Valero Aguayo, L., & López Bermúdez, M. (2009). The conceptualization of clinical cases from functional analytic psychotherapy. Papeles del Psicólogo, 30, 255-264.

Ferro García, R., Valero Aguayo, L., & López Bermúdez, M. (2012). Treatment of a disorder of self through functional analytic psychotherapy. International Journal of Behavioral Consultation and Therapy, 7, 45-51.

Ferster, C. B. (1971). Clinical Reinforcement. *Seminars of Psychiatry,* 4(2), 101-111.

Fredrickson BL, Cohn MA, Coffey KA, Pek J, Finkel SM. 2008. Open hearts build lives: positive emotions, induced through loving-kindness meditation, build consequential personal connectedness. *Emotion,* 8:720—724

Fredrickson, B. (2013). *Love 2.0*. New York: Hudson Street Press.

Freitas, S. (2011). Efeitos de procedimentos focados na relação terapêus tica sobre comportamentos geralmente descritos nos quadros de depressão

Gaynor, S.T. & Lawrence, P.S. (2002). Complementing CBT for depressed adolescents with learning through in vivo experience (LIVE): Conceptual Analysis, Trearment description, and feasibility study. *Behavioral and Cognitive Psychotherapy, 30*, 79-101. Gifford et al., 2011

Gaynor, S.T., & Scott, P. (2002). Complementing CBT for depressed adolescents with learning through in vivo experience (LIVE): Conceptual analysis, treatment description, and feasibility study. Behavioral and Cognitive Psychotherapy, 30, 79-101.

Gifford, E. V., & Hayes, S. C. (1999). Functional contextualism: A pragmatic philosophy for behavioral science. En W. O'Donohue & R. Kitchener (Eds.), *Handbook of behaviorism* (pp. 285-327). San Diego: Academic Press.

Gifford, E.V., Kohlenberg, B.S., Hayes, S.C., Pierson, H.M., Piaseki, M.P., Antonnucio, D.O. & Palm, K.M. (2011). Does acceptance and relationship focused behaviour therapy contribute to bupropion outcomes? A randomized controlled trial of functional analytic psychotherapy and acceptance commitment therapy for smoking cessation. Behavior Therapy, 42, 700-715.

Gilbert P. 2009. *The Compassionate Mind: A New Approach to Life's Challenges.* Oakland: New Harbinger.

Gómez, M., & Gutiérrez, D. (2008). Aplicación clínica de modelos terapéuticos no mediacionales en un caso de trastorno mixto del afecto. Terapia Psicológica, 26, 263-277←-- looks like it has some data

Gosch, C. & Vandenberghe, L. (2004). Análise do comportamento e a relação terapeuta-criança no tratamento de um padrão desafiador-agressivo. Revista Brasileira de Terapia Comportamental e Cognitiva, 6, 173-181.

Graham, S. M., Huang, J. Y., Clark, M. S., & Helgeson, V. S. (2008). The positives of negative emotions: Willingness to express negative emotions promotes relationships. *Personality and Social Psychology Bulletin, 34*(3), 394-406.

Haworth, K., Kanter, K. W., Tsai, M., Kuczynski, A., Rae, J. R. & Kohlenberg, R. J. (2015). Reinforcement matters: A preliminary, laboratory-based component-process analysis of Functional Analytic Psychotherapy's model of social connection. *Journal of*

Contextual Behavioral Science, 4(4), 281-291.

Hayes, S. C., Barnes-Holmes, D., & Wilson, K. (2012). Contextual Behavioral Science: Creating a science more adequate to the challenge of the human condition. *Journal of Contextual Behavioral Science, 1*, 01-16.

Hayes, S. C., Villatte, M., Levin, M. & Hildebrandt, M. (2011). Open, aware, and active: Contextual approaches as an emerging trend in the behavioral and cognitive therapies. Annual Review of Clinical Psychology, 7, 141-168.

Hayes, S.C., & Hayes, L. J. (1992). Verbal relations and the evolution of behavior analysis. *American Psychologist, 47,* 1383-1395.

Holman, G., Kohlenberg, R. J., Tsai, M., Haworth, K., Jacobson, E., & Liu, S. (2012). Functional Analytic Psychotherapy is a framework for implementing evidence-based practices: The example of integrated smoking cessation and depression treatment. International Journal of Behavioral Consultation and Therapy, 7, 58-62.

Holt-Lunstad, J., Smith, T.B., Layton, J.B. (2010). Social Relationships and Mortality Risk: A Meta-analytic Review. PLoS Med 7(7).

Hutcherson CA, Seppala EM, Gross JJ. 2008. Loving-kindness mediation increases social resources. *J. Personal. Soc. Psychol.* 95:1045--62

Kanter, J. K., Busch, A. M. & Rusch, L. C. (2009). *Behavioral Activation: Distinctive Features*. Nueva York: Routledge.

Kanter, J. W., Busch, A. M., Weeks, C. E., & Landes, S. J. (2008). The nature of clinical depression: Symptoms, syndromes, and behavior analysis. The Behavior Analyst, 31, 1-22.

Kanter, J. W., Landes, S. J., Busch, A. M., Rusch, L. C., Brown, K. R., Baruch, D. E.; & Holman, G. (2006). The effect of contingent reinforcement on target variables in outpatient psychotherapy for depression: A successful and unsuccessful case using Functional Analytic Psychotherapy. Journal of Applied Behavior Analysis, 39, 463-467.

Kanter, J. W., Manos, R. C., Busch, A. M., & Rusch, L. C. (2008). Making behavioral activation more behavioral. Behavior Modification, 32, 780-803.

Kanter, J. W., Parker, C. & Kohlenberg, R. J. (2001). Finding the self: A behavioral measure and its clinical implications. Psicotherapy: Theory, Research and Practice, 38, 198-211.

Kanter, J. W., Parker, C. R., & Kohlenberg, R. J. (2001). Finding the self:

A behavioral measure and its clinical implications. *Psychotherapy: Theory, Research, Practice, Training, 38* (2), 198–211.

Kanter, J.W. (2016). FAP Awareness Courage Love (ACL) Model Manual. Manuscrito no publicado, utilizado para fines de investigación.

Kanter, J.W., Landes, S.J., Holman, G.I., Rusch, L.C., Whiteside, U., & Sedivy, S.K. (2009). The use and nature of present-focused ine terventions in cognitive and behavioral therapies for depression. Psychotherapy Teory, Research, Practice, and Training, 46(2), 220-232.

Keng, S.-L., Waddington, E., Lin, B. X. T., Tan, M. S. Q., Henn-Haase, C., & Kanter, J. W. (en prensa). Effects of Functional Analytic Psychotherapy on therapist trainees in Singapore: A randomized controlled trial. Clinical Psychology & Psychotherapy.

Kohlenberg, B. S., Yeater, E. A., & Kohlenberg, R. J. (1998). Functional Analytic Psychotherapy, the therapeutic alliance, and brief psychotherapy. In J. Safran & C. Muran (Eds.) The therapeutic alliance in brief psychotherapy (pp. 63-93). Washington, D.C.: American Psychological Association.

Kohlenberg, R. J. & Tsai, M. (1991). *Functional Analytic Psychotherapy: A guide for creating intense and curative therapeutic relationship.* Nueva York: Plenum.

Kohlenberg, R. J., & Tsai, M. (1994). Improving cognitive therapy for depression with functional analytic psychotherapy: Theory and case study. The Behavior Analyst, 17, 305-320.

Kohlenberg, R. J., & Tsai, M. (2000). Radical behavioral help for Katrina. Cognitive and Behavioral Practice, 7, 500-505.

Kohlenberg, R. J., Kanter, J. W., Bolling, M. Y., Parker, C. R., & Tsai, M. (2002). Enhancing cognitive therapy for depression with Functional Analytic Psychotherapy: Treatment guidelines and empirical findings. Cognitive and Behavioral Practice, 9, 213-229

Kohlenberg, R. J., Kanter, J. W., Tsai, M., & Weeks, C. E. (2010). FAP and Cognitive Behavior Therapy. En J. W. Kanter, M. Tsai, & R. J. Kohlenberg (Eds.), The Practice of Functional Analytic Psychotherapy (pp. 11-30). New York: Springer.

Kohlenberg, R. J., Tsai, M., Kanter, J. W. & Parker, Ch. R. (2009). Self and mindfulness. En M. Tsai, R. J. Kohlenberg, J. W. Kanter, B. Kohlenberg, W. C. Follete & G. M. Callaghan (eds), *A guide to functional analytic psychotherapy; Awareness, couragel Love, and behaviorism* (pp. 131-144). Nueva York: Springer.

Kohlenberg, R. J., Tsai, M., Parker, C. R., Bolling, M. Y., Kanter, J. W.

(1999). Focusing on the client-therapist interaction: Functional analytic psychotherapy: A behavioral approach. European Psychotherapy, 1, 15-25.

Kohlenberg, R. J., Vandenberghe, L. (2007). Treatment-resistant OCD, inflated responsibility, and the therapeutic relationship: Two case examples. Psychology and Psychotherapy: Theory, Research, and Practice, 80, 455-465.

Kohlenberg, R.J., Kanter, J. W., Bolling, M.Y., Parker, C.R. & Tsai, M. (2002). Enhancing Cognitive Therapy for Depression with Functional Analytic Psychotherapy: Treatment Guidelines and Empirical Findings. Cognitive and Behavioral Practice, 9, 213-229.

Kohlenberg, R.J., Kanter, J.W., Tsai, M. & Weeks, C.E. (2010). FAP and Cognitive Behavior Therapy. En J. W. Kanter, M. Tsai y R. J. Kohlenberg (Eds.) *The Practice of Functional Analytic Psychotherapy.* (pp. 11-30). New York: Springer.Laudes, Kanter, Weeks & Busch, 2013

Kohut, H. (1984). *How does analysis cure?* New York: International Universities Press.

Kok, B. E., Coffey, K. A., Cohn, M. A., Catalino, L. I., Vacharkulksemsuk, T., Algoe, S. B., Brantley, M., & Fredrickson, B. L. (2013). How positive emotions build physical health: Perceived positive social connections account for the upward spiral betweeen positive emotions and vagal tone. *Psychological Science, 24(7),* 1123-32.

Kroenke, K., Spitzer, R.L., & Williams, J.B.W. (2001).Validity of a brief depression severity measure: The PHQ-9. Journal of General Internal Medicine, 16(9), 606-613.

Landes, S. J., Kanter, J. W., Weeks, C. E., & Busch, A. M. (2013). The impact of the active components of Functional Analytic Psychotherapy on idiographic target behaviors. Journal of Contextual Behavioral Science, 2, 49-57.

Laurenceau, J. P., Barrett, L. F., & Pietromonaco, P. R. (1998). Intimacy as an interpersonal process: The importance of self-disclosure, partner disclosure, and perceived partner responsiveness in interpersonal exchanges. *Journal of Personality and Social Psychology, 74(5),* 1238.

Leahy, R. L., Tirch, D. D., & Napolitano. (2011). *Emotion regulation in psychotherapy: a practitioner's guide.* Nueva York: The Guilford Press.

Lee, R. M., & Robbins, S. B. (1995). Measuring belongingness: The social connectedness and the social assurance scales. *Journal of*

Counseling Psychology, 42, 232-241.

Lemay Jr., E. P., & Clark, M. S. (2008). How the head liberates the heart: projection of communal responsiveness guides relationship promotion. *Journal of Personality and Social Psychology, 94*(4), 647.

Leonard, R.C., Knott, L.E., Lee, E.B., Singht, S., Smith, A.H., Kanter, J., Norton, P.J., y Wetterneck, C.T. (2014). The development of the Functional Analytic Psychotherapy Intimacy Scale. Psychological Record, 64, 647-657.

Lewon, M. & Hayes, L. J. (2014). Towards and Analysis of Emotions as Products of Motivating Operations. *The Psychological record, 4*, 813-825.

Linehan, M. M. (2015). *Dialectical behavior therapy skills training manual, second edition.* Nueva York: The Guilford Press.

López Bermúdez, M., Ferro García, R., & Valero Aguayo, L. (2010) Intervención en un trastorno depresivo mediante la Psicoterapia Analítica Funcional. Psicothema, 22 (1), 92-98.

López Bermúdez, M., Ferro García, R., Calvillo, M. (2010). An application of Functional Analytic Psychotherapy in a case of anxiety panic disorder without agoraphobia. JBCT, 6, 356-372.

Maitland, D. W. M., & Gaynor, S. T. (2012). Promoting efficacy research on Functional Analytic Psychotherapy. International Journal of Behavioral Consultation and Therapy, 7, 63-71.

Manduchi, K., & Schoendorff, B. (2012). First steps in FAP: Experiences of beginning Functional Analytic Psychotherapy therapist with an obsessive-compulsive personality disorder client. International Journal of Behavioral Consultation and Therapy, 7, 72- 77.

Mangabeira, V., Kanter, J. W., & Del Prette, G. (2012). Functional Analytic Psychotherapy (FAP): A review of publications from 1990 to 2010. International Journal of Behavioral Consultation and Therapy, 7, 78-89.

Manne, S., Badr, H., & Kashy, D. A. (2012). A longitudinal analysis of intimacy processes and psychological distress among couples coping with head and neck or lung cancers. *Journal of Behavioral Medicine, 35*(3), 334-346.

Manne, S., Ostroff, J., Rini, C., Fox, K., Goldstein, L., & Grana, G. (2004). The interpersonal process model of intimacy: The role of self-disclosure, partner disclosure, and partner responsiveness in interactions between breast cancer patients and their partners. *Journal of Family Psychology, 18*(4), 589.

Manos R.C., Kanter JW, Busch AM. 2010. A critical review of assessment strategies to measure the behavioral activation model of depression. *Clin. Psychol. Rev.* 30:547—61

Manos, R.C., Kanter, J. W., Rusch, L. C., Turner, L. B., Roberts, N. A., & Busch, A. M. (2009). Integrating Functional Analytic Psychotherapy and behavioral activation for the treatment of relationship distress. *Clinical Case Studies, 8*, 122-138.

Mazzucchelli T, Kane R, Rees C. 2009. Behavioral activation treatments for depression in adults: a meta-analysis and review. *Clin. Psychol. Sci. Pract.* 16:383—411

McClafferty, C. (2012). Expanding the cognitive behavioural therapy traditions: An application of Functional Analytic Psychotherapy treatment in a case study of depression. *International Journal of Behavioral Consultation and Therapy, 7*(2-3), 90-102.

Mendes, N. & Vandenberghe, L. The therapist-client relationship in the treatment of obsessive compulsive disorder. Estudos de Psicologia, 26, 545-552.

Michael, J. (1993). Establishing operations. *The Behavior Analyst, 16,* 191–206

Muñoz-Martínez, A. M., Novoa-Gómez, M. M., & Vargas, R. M. (2012). Functional Analytic Psychotherapy (FAP) in Ibero-America: Review of current status and some proposals. International Journal of Behavioral Consultation and Therapy, 7, 96–101.

Nelson, K. M., Yang, J. P., Maliken, A. C., Tsai, M. & Kohlenberg, R. J (2014). Introduction to using structured evocative activities in Functional Analytic Psychotherapy. *Cognitive and Behavioral Practice, en prensa.*

O'Donohue, J. E., Fisher, & S. C. Hayes (2003). *Cognitive Behavior Therapy: Applying Empirically Supported Techniques in Your Practice.* Nueva Jersey: Wiley.

Oshiro, C. K. B., Kanter, J. W., & Meyer, S. B. (2012). A single-case experimental demonstration of functional analytic psychotherapy with two clients with severe interpersonal problems. International Journal of Behavioral Consultation and Therapy, 7, 111–116. Retrieved from http://eric.ed.gov/?id=EJ983081.

Pedersen, E.R., Callaghan, G.M., Prins, A., Nguyen, H. & Tsai, M. (2012). Functional Analytic Psychotherapy as an adjunct to Cognitive-Behavioral Traetments for posttraumatic stress disorder: Theory and application in a single case design. *International Journal of Behavioral Consultation and Therapy, 7,* 2-3,125-134

Persons, J. B. (2008). *The case formulation approach to cognitive-behavior therapy*, Nueva York: The Guilford Press.

Ramnerö, J., & Törneke, N. (2008). *The ABCs of human behavior: Behavioral principles for the practicing clinician*. Oakland, CA: New Harbinger.

Reis, H. T., & Shaver, P. (1988). Intimacy as an interpersonal process. En S. Duck (Ed.), Handbook of personal relationships (pp. 367–389). Chichester, England: Wiley & Sons.

Reis, H. T., Smith, S. M., Carmichael, C. L., Caprariello, P.A., Tsai, F. F., Rodrigues, A., & Maniaci, M. R. (2010). Are you happy for me? How sharing positive events with others provides personal and interpersonal benefits. *Journal of Personality and Social Psychology, 99*(2), 311.

Reyes, M., Kanter, J. W. & Santos, M. (2015); *Reducing Burnout and Improving Organizational Climate in a BPD Clinic with FAP Therapist Training* – Association for Contextual Behavioral Science's World Conference 13, Berlín

Reyes, M., Vargas, A. N. & Miranda, E. (2015); *4 Brief Interventions for BPD: The Process of Building an Empirically Suported TAU* – Association for Contextual Behavioral Science's World Conference 13, Berlín 2015

Reyes, M., Vargas, A. N., Kanter, J. W. & Tsai, M. (2016); *FAP impact, and mechanisms of change, as an adjunct treatment for people diagnosed with BPD.* – Association for Contextual Behavioral Science's World Conference 14, Seattle 2016

Rholes, W.S. & Simpson, J. A. (2004). *Adult Attachment: Theory, Research, and Clinical Implications*. New York: Guilford Press.

Roche, B., & Barnes-Holmes, D. (2003). Behavior analysis and social constructivism: Some points of contact and departure. *Behavior Analyst, 26*, 215-231.

Skinner, B. F. (1953). *Science and human behavior*. Nueva York: Macmillan.

Skinner, B. F. (1957). *Verbal behavior*. New Jersey: Prentice-Hall.

Skinner, B. F. (1957). *Verbal behavior.* Nueva York: Appleton-Century-Crofts.

Skinner, B. F. (1974). About behaviorism. Nueva York: Knopf.

Skinner, B.F. (1953). Science and human behavior. New York: MacMillan.

Skinner, B.F. (1969) Contingencies of reinforcement: A theoretical analysis. Englewood Cliffs, NJ: Prentice-Hall.

Skinner, B.F. (1974). About behaviorism. New York: Knopf.

Sprecher, S., Treger, S., Wondra, J. D., Hilaire, N., & Wallpe, K. (2013). Taking turns: Reciprocal self-disclosure promotes liking in initial interactions. *Journal of Experimental Social Psychology*, 49(5), 860-866.

Staats, A. W. (1996). *Conducta y Personalidad: Conductismo Psicológico*. Barcelona: Descleé de Brouwer.

Swales, M. A. & Heard H. L. (2009). *Dialectical Behavior Therapy: Distinctive Features.* Nueva York: Routledge.

Swales, M. A. & Heard H. L. (2009). *Dialectical Behavior Therapy: Distinctive Features.* Nueva York: Routledge.

Törneke, N. (2010). *Learning RFT: An Introduction to Relational Frame Theory and its Clinical Application.* Oakland, CA: New Harbinger.

Törneke, N. (2010). *Learning RFT: An Introduction to Relational Frame Theory and its Clinical Application.* Oakland, CA: New Harbinger.

Tsai, M., Callaghan, G. M., Kohlenberg, R. J., Follette, W. C. & Darrow, S. M. (2009). Supervision and Therapist Self-Development. En M. Tsai, R. J. Kohlenberg, J. W. Kanter, B. Kohlenberg, W.C. Follette, y G.M. Callaghan (Eds*). A Guide to functional Analytic Psychotherapy. Awareness, courage, Love, and Behaviorism.* (pp.: 61- 102). Nueva York: Springer.

Tsai, M., Kohlenberg, R. J., Bolling, M. Y. & Terry, C. (2009). Values and Green FAP. En M. Tsai, R. J. Kohlenberg, J. W. Kanter, B. Kohlenberg, W. C. Follete & G. M. Callaghan (eds), *A guide to functional analytic psychotherapy; Awareness, couragel Love, and behaviorism* (pp. 199-212). Nueva York: Springer.

Tsai, M., Kohlenberg, R. J., Kanter, J. W. & Waltz, J. (2009). Therapeutic Technique: The Five Rules. En M. Tsai, R. J. Kohlenberg, J. W. Kanter, B. Kohlenberg, W. C. Follette, y G. M. Callaghan (Eds*). A Guide to functional Analytic Psychotherapy. Awareness, courage, Love, and Behaviorism.* (pp.: 61- 102). Nueva York: Springer.

Tsai, M., Kohlenberg, R. J., Kanter, J. W., Holman, G. I. & Loudon, M. P. (2012). Functional Analytic Psychotherapy. Distinctive Features. Nueva York: Routledge.

Tsai, M., Kohlenberg, R. J., Kanter, J. W., Kohlenberg, B., Follette, W. C. & Callaghan, G. M. (2009). *A Guide to functional Analytic Psychotherapy. Awareness, courage, Love, and Behaviorism.* Nueva York: Springer.

Tsai, M., Kohlenberg, R. J., Kanter, J. W., Kohlenberg, B., Follette, W. C. & Callaghan, G. M. (2009). A Guide to functional Analytic Psychotherapy. Awareness, Courage, Love, and Behaviorism. New York: Springer.

Valero Aguayo, L., & Ferro García, R. (2015). *Psicoterapia analítica funcional: El análisis funcional en la sesión clínica*. Madrid: Editorial Síntesis.

Valero, L., Ferro, R., López, M.A. & Selva, M.A. (2014) Psychometric properties of the Spanish version of the Experiencing of Self Scale (EOSS) for assessment in Functional Analytic Psychotherapy. Psicothema, 26, 3, 415-422.

Valero, L., Ferro, R., López, M.A., & Selva, M.A. (2012). Reliability and validity of the Spanish adaptation of Experiencing of Self Scale (EOSS) comparing normal and clinical samples. Internacional Journal of Behavioral Consultation and Therapy.7, 2-3, 151-158.

Vandenberghe, L. (2007). Functional analytic psychotherapy and the treatment of obsessive compulsive disorder. Counseling Psychology Quarterly, 20. doi: 10.1080/09515070701197479

Vandenberghe, L., & Silva, R.L. (2013). Therapist's positive emotions in-session: Why they happen and what they are good for. *Counseling and Psychotherapy Research, 14*(2), 119-127.

Vandenberghe, L., Barbosa Ferro, C., da Cruz, A. (2003). FAP-enhanced group therapy for chronic pain. The Behavior Analyst Today, 4, 369-375.

Vandenberghe, L., de Oliveira Nasser, K., & e Silva, D. (2010). Couples therapy, female orgasmic disorder and the therapist-client relationship: Two case studies in functional analytic psychotherapy. Counselling Psychology Quarterly, 23, 45-53.

Vilardaga, R. (2009). A Relational Frame Theory account of empathy. *International Journal of Behavioral Consultation and Therapy, 5*(2), 178-184. doi:10.1037/h0100879

Villas-Bôas, A., Meyer, S., Kanter, J. W. (2016). The effects of analyses of contingencies on clinically relevant behaviors and out-of-session changes in Functional Analytic Psychotherapy. The Psychological Record, 66(4), 599-609. doi: 10.1007/s40732-016-0195-y

Villas-Bôas, A., Meyer, S., Kanter, J. W., Callaghan, G. (2015). The use of analytic interventions in Functional Analytic Psychotherapy. Behavior Analysis: Research and Practice, 15, 1 – 19.

Villatte, M., Villatte, J. L. & Hayes, S. C. (2016). *Mastering the clinical conversation: language as intervention.* Nueva York: The Guilford Press.

Wagner, A. (2005). A behavioral approach to the case of Ms. S. Journal of Psychotherapy Integration, 15, 101-114.

Waltz, J., Landes, S. J. & Holman, G.I. (2010). FAP and Dialectical Behavior Therapy (DBT). En J. M. Kanter, M. Tsai y R.J. Kohlenberg (Eds.) *The Practice Of Functional Analytic Psychotherapy.* (pp.: 47-64). New York: Springer.

Weeks, C. E. (2013). An analogue study of the mechanism of change in Functional Analytic Psychotherapy. Tesis no publicada. Universidad de Wilconsin Milwaukee.

Wetterneck, C. T, & Hart, J. M. (2012). Intimacy is a transdiagnostic problem for cognitive behavior therapy: Functional Analytical Psychotherapy is a solution. *International Journal of Behavioral Consultation and Therapy, 7,* 167-176.

Wetterneck, Ch. T & Hart, J. M. (2012). Interpersonal mindfulness informed by Functional Analytic Psychotherapy: Findings from a pilot randomized trial. *The International Journal of Behavioral Consultation and Therapy, 7,* 9-15.

Zeki, S. (2007). The neurobiology of love. *FEBS Letters, 581,* 2575-2579.

Zettle, R.D., & Hayes, S.C. (1982). Rulegoverned behavior: A potential theoretical framework for cognitivebehavior therapy. En P.C. Kendall (ed.), *Advances in cognitivebehavioral research and therapy* (pp. 73-118). Nueva York: Academic Press.

Zgierska A, Rabago D, Chawla N, Kushner L, Koegler R, Marlatt A. 2009. Mindfulness meditation for substance use disorders: a systematic review. *Subst. Abuse* 30:266--94

Reimpreso por Editorial Brujas • agosto de 2018 • Córdoba–Argentina